CÓDIGO LYOKO

UN RODAJE PELIGROSO Y GRAVEDAD CERO

MEDIALIVE

Derechos exclusivos de la edición en español:
©2010, Medialive Content, S.L.
Travessera de Gràcia, 73-79, 1º 1ª
08006 Barcelona
www.medialivecontent.com

1ª edición: Septiembre de 2010
Depósito legal: B.31625-2010
ISBN: 978-84-92985-25-8
Preimpresión: Ātona, SL
Traducción: Susanna Esquerdo
Impreso y encuadernado en España

El universo del CÓDIGO LYOKO

Infectado por el virus **X.A.N.A.**, el superordenador que controla el mundo digital (Lyoko) quiere destruir la Tierra.

Aelita, la única humanoide virtual que vive en **Lyoko** intenta resistir el ataque.

Lyoko es un mundo virtual creado por Franz Hopper, un genio de la informática y antiguo profesor de la academia Kadic. **Lyoko** está dividido en cuatro territorios: el Hielo, el Bosque, el Desierto y la Montaña. Cada territorio contiene torres, que son bases de datos que **X.A.N.A.** activa para lanzar virus a la Tierra.

Un grupo de estudiantes conoce la existencia de **Lyoko** y la amenaza de **X.A.N.A.** que se cierne sobre la Tierra: Yumi, Odd, Ulrich y Jeremy. Comparten en secreto una doble vida: son estudiantes durante el horario escolar y el resto del tiempo lo pasan intentando salvar el mundo. Desde su laboratorio secreto se virtualizan y se introducen en el universo de Aelita, su mejor amiga, para frustrar los planes de **X.A.N.A.**

LA ACADEMIA KADIC

LA FÁBRICA

EL PUENTE

YUMI ISHIYAMA

Edad: 14 años.

Datos académicos: tercer curso en la academia Kadic; buena estudiante; popular entre los profesores; externa.

Familia: padres japoneses.

Se siente atraída por: el color negro, la cultura japonesa, la lectura, la lealtad, la reflexión, el humor y la ironía.

Le desagrada: la injusticia y la superficialidad.

Personaje virtual: princesa japonesa.

Yumi es zen, madura, inspira respeto y a menudo toma decisiones importantes.

ULRICH STERN

Edad: 13 años.

Datos académicos: cuarto curso en la academia Kadic; nivel medio; interno; comparte habitación con Odd.

Familia: hijo único de padres ricos a los que ve muy poco.

Se siente atraído por: los deportes de combate, incluyendo el pencak silat y el fútbol; le gusta molestar al vigilante de la academia y hacerse el interesante.

Le desagrada: la disciplina y las confidencias.

Personaje virtual: samurái.

Ulrich es misterioso, rebelde y muestra mucha sangre fría en la acción; es un verdadero virtuoso.

ODD DELLA ROBIA

Edad: 13 años.

Datos académicos: cuarto curso en la academia Kadic; nivel medio (con la ayuda de Jeremy); interno; comparte habitación con Ulrich.

Familia: padres artistas que le han transmitido el gusto por la libertad y un espíritu curioso.

Se siente atraído por: el juego, el arte, la fantasía, el humor y su perro Kiwi.

Le desagrada: la seriedad, la lógica y la moderación.

Personaje virtual: el hombre-gato.

Odd se muestra indiferente ante el peligro y se fía del instinto, es temerario y el gracioso del grupo.

JEREMY BELPOIS

Edad: 12 años.

Datos académicos: cuarto curso en la academia Kadic; tiene mucho talento; interno.

Familia: padres de clase media que se sienten muy orgullosos de su talento.

Se siente atraído por: los ordenadores, los robots, las máquinas, los inventos, las fórmulas, la realidad virtual.

Le desagrada: los problemas de la vida cotidiana.

Personaje virtual: ninguno.

Jeremy es el pequeño genio del grupo y supervisa, como si fuera un director de orquesta, los viajes virtuales de sus amigos.

AELITA

Arma: no lucha.

Poder: sintetiza los objetos naturales efímeros.

Particularidad: conoce perfectamente Lyoko.

Aelita es una criatura virtual humanoide con un temperamento a la vez confiado y pacífico.

Es la única residente y guardiana de Lyoko. Su existencia está completamente ligada a la de X.A.N.A.

Sissi, diminutivo de Elisabeth Delmas

Interna de cuarto curso, hija del director.

Herb Pichon,
Nicolas Poliakoff

Internos de cuarto curso,
caballeros al servicio de Sissi.

Milly Solovieff,
Tamiya Diop

Internas de sexto curso,
periodistas de la academia Kadic.

Jean Pierre Delmas

Director de la academia Kadic.

Suzanne Hertz

Profesora de ciencias naturales
y tecnología.

Jim Morales

Profesor de gimnasia y vigilante
de la academia.

GLOSARIO

animatrónico: robot electrónico de aspecto animal.

bicicleta: en fútbol, cobertura aérea del balón con las piernas en tijera y de espaldas a la portería.

delantero centro: jugador que juega en la delantera del equipo en el campo, en posición de ataque para marcar goles. Sinónimo: goleador.

desactivar: neutralizar un virus, por ejemplo, como el que infecta una torre de Lyoko.

desvirtualización: fin de la vida virtual y vuelta al mundo real.

electroimán: imán o campo magnético creado por una corriente eléctrica.

escanear: copia en 3D de los estudiantes con los escáneres del superordenador para obtener sus clones digitales.

escáner: programa vinculado con Lyoko que permite a Jeremy verificar si alguna de las torres ha sido activada por X.A.N.A.

escáneres: a través del superordenador, permiten a Yumi, Odd y Ulrich transformarse en personajes virtuales e ir a Lyoko.

gravedad: fuerza que empuja los cuerpos hacia el centro de la Tierra, de acuerdo con la ley de la gravitación universal descrita por Isaac Newton (1642-1727). Sinónimo: atracción.

holograma de Lyoko: imagen del mundo virtual en relieve.

holomapa: mapa virtual holográfico en 3D de Lyoko. Se divide en cuatro territorios: el Hielo, el Bosque, el Desierto y la Montaña.

humanoide: este término se refiere a la apariencia humana. Aelita es una humanoide: parece un ser humano joven, pero en realidad es una criatura virtual.

ingravidez: estado en el que el efecto de la gravedad se ha anulado.

Kadic, academia: internado en el que estudian Yumi, Odd, Ulrich y Jeremy. Dos pasajes secretos conectan la academia con la fábrica abandonada donde hay el superordenador.

mar digital: vacío que rodea los cuatro territorios de Lyoko.

materialización: acción de hacer realidad aquello que es inmaterial o virtual. La materialización de Aelita en joven ser humano le permitiría vivir en el mundo real.

monstruo: criatura digital armada al servicio de X.A.N.A.

penalti: tiro directo acordado a la portería del equipo contrario como sanción de una falta de la defensa contraria en el área de penalti.

pencak silat: arte marcial originaria de Indonesia y Malasia que se caracteriza por la fluidez, la velocidad y los encadenamientos de movimientos.

sintetización: creación de algo material a partir del esfuerzo mental. Gracias a este poder, Aelita puede crear objetos naturales en Lyoko, como rocas, troncos de árboles o paredes de hielo.

superordenador: ordenador ultrapotente que controla el mundo virtual de Lyoko, descubierto por Yumi, Odd, Ulrich y Jeremy en una fábrica abandonada cerca de la academia Kadic, dotado con múltiples pantallas y escáneres de 3D. Junto con sus aparatos periféricos, ocupa tres salas superpuestas: el laboratorio, la sala de escáneres y la sala del superordenador. Los cables conectan con el mundo virtual y paralelo de Lyoko, que dirige la vida digital. Por alguna razón que los estudiantes desconocen, el superordenador está infectado por un virus denominado X.A.N.A.

tarjeta de identidad digital: interfaz del programa de Lyoko que agrupa las características de los personajes virtuales, como el nombre, el número de puntos, las armas, los poderes...

telequinesia: desplazamiento de objetos a distancia.

torre: base de datos de Lyoko vinculada a las redes informáticas y eléctricas terrestres, que se activa cuando se infecta por un virus enviado por X.A.N.A.

transferencia: movimiento de alguien o algo del mundo real al mundo virtual.

X.A.N.A.: el superordenador que controla el mundo virtual está infectado por el virus X.A.N.A. El propósito de X.A.N.A. es destruir la Tierra y gobernar Lyoko. Con este fin, lanza ataques contra el mundo real e intenta tomar el control de objetos electrónicos, animales o seres humanos.

Las palabras con un asterisco* en las páginas siguientes se definen en este glosario.

CÓDIGO LYOKO

UN RODAJE PELIGROSO

1

HOLLYWOOD EN LA ACADEMIA KADIC

Jeremy, un rubito con gafas y bien vestido, bosteza. La película de terror le aburre. Los demás alumnos que están sentados en la sala de actos de la academia Kadic* aguantan la respiración, pero él se aguanta los suspiros...

El alienígena ataca y la heroína no parar de gritar. Jeremy reprime otro bostezo.

¡Con lo que le gustaría estar charlando con Aelita, cómodamente instalado delante de su ordenador! Su amiga virtual es tan inmaterial como Lyoko, el mundo en el que habita, pero es la chica más encantadora que ha conocido jamás.

Si pudiera estar en Lyoko... le cogería la mano sonriendo y... El ruido de un disparo lo devuelve a su asiento: el alienígena se desintegra, la heroína besa a su salvador...

Veinte segundos más tarde, los títulos de crédito desfilan por la pantalla y la cortina se cierra chirriando.

—¡Completamente ridículo! —suelta Jeremy a los tres compañeros de su derecha.

—¡Querrás decir brutal, genial! —le corrige su amigo Ulrich; su rostro enmarcado por mechones rebeldes muestra un entusiasmo contenido pero intenso.

Ulrich, un chico deportista que adora la acción, ha disfrutado a tope con la película.

—Vale, los efectos especiales son correctos —admite Odd, el extravagante del grupo, que lleva cresta—, ¡pero no daban ni pizca de miedo! —añade, estirándose como un gato.

—No, ¿de verdad? —interviene Yumi, la única chica—. Entonces, ¿por qué temblabas? ¿Por los efectos de sonido?

La chica entorna sus ojos ligeramente rasgados y se echa a reír. Ulrich y Jeremy la imitan. A veces, el humor de Yumi es tan negro como la ropa que suele llevar. Odd cruza los brazos, enfurruñado.

—¡Ejem! —carraspea una voz en el micrófono.

Sobre la tarima, un hombre vestido con traje marrón

contempla a la ruidosa asamblea, mientras se alisa la barba grisácea. Las conversaciones se apagan y el señor Delmas, el respetadísimo director de la academia Kadic*, toma la palabra:

—Queridos alumnos, os pido que recibáis calurosamente al director de esta película, a mi parecer, realmente interesante. Os presento al señor James Finson, que nos ha concedido el honor de hablarnos de su fantástico oficio.

El director desaparece tras iniciar un aplauso, al que se suma el auditorio. Finson, el gran cineasta de ciencia-ficción, se acerca al micro.

Ropa informal, espalda ancha y sonrisa de anuncio de dentífrico: es Hollywood en persona.

—Buenos días a todos. Veo que os brillan los ojos, por lo que deduzco que mi película os ha gustado. Estoy encantado. Antes de responder a vuestras preguntas, os informo de que estoy buscando localizaciones por esta zona. He oído hablar de una fábrica abandonada que no queda lejos de aquí y podría servir como decorado para mi próxima película...

La noticia es recibida con un murmullo general. Solamente el pequeño grupo de la segunda fila se ha quedado petrificado.

—¿Una fábrica? ¡Oh no, nuestra fábrica no! —murmura Jeremy, desesperado, girándose hacia sus amigos.

Una hora más tarde el grupito está emboscado en el pasillo frente a las ventanas del comedor. Objetivo: vigilar a Finson. El cineasta reparte autógrafos generosamente. En el comedor, una fila de alumnos espera su turno para hablar con él. En el pasillo, ambiente tenso como en un consejo de guerra...

—¡Imaginaos que Finson descubre el superordenador*! —murmura Jeremy—. ¡Sería una catástrofe!

Yumi asiente, sombría.

Cualquier adulto juicioso destruiría el superordenador* de la fábrica en cuanto supiera que contiene un virus, X.A.N.A.*, que pretende aniquilar la Tierra. Y en ese caso, Aelita, la amiga virtual de la banda, desaparecería... Yumi se estremece ante la idea. Hay que evitar a cualquier precio que Finson o los miembros de su equipo descubran el secreto.

—Solamente veo un modo, radical: impedir que ruede la película en la fábrica —afirma, resuelta.

—Radical, ¡en efecto! —añade Odd, encogiéndose de hombros—. Pero, concretamente, ¿cómo lo haremos?

Impedir que una estrella del séptimo arte ruede una película le parece algo parecido a coger gusto a las matemáticas: ¡inimaginable!

—¡Que no cunda el pánico, tengo un plan! —añade entonces Ulrich.

Antes de que sus amigos puedan preguntarle, avanza por el pasillo, entra en el comedor y se pone en la fila. Con la nariz pegada al cristal, Odd murmura:

—Este plan misterioso me preocupa...

Por una vez, el humorista no bromea. Jeremy también está preocupado. Tiene miedo de perder a Aelita, ya que to-

davía no ha encontrado el secreto de la materialización* a pesar de las horas de trabajo... Yumi observa a Ulrich con calma. Serio como siempre, espera su turno detrás de Sissi, la hija del director, una admiradora ferviente a la que él ignora totalmente. No tiene nada que temer, piensa Yumi con alivio: ¡la aspirante a estrella solamente tiene ojos para Finson!

Ulrich observa cómo Sissi avanza hacia el director. ¡Atención a su despliegue de encantos!

—¡Estoy encantada de conocerle, señor Finson! —ronronea Sissi, pestañeando—. Adoro sus películas.

—¿De verdad? Bueno, ¡a mí también me encantan!

—responde Finson, juguetón, y coloca el bolígrafo sobre uno de sus retratos—. ¿Te llamas...?

—Simplemente escriba: «Para Sissi, actriz en ciernes, que será la estrella mi próximo largometraje».

—Mejor escribiré: «Para Sissi, una chica descarada».

—¡Y con talento, por supuesto!

—No, Sissi —objeta el cineasta, como si lo lamentara—, el casting está completo. No me quedan papeles por repartir. ¡Quizá en otra ocasión!

Visiblemente disgustada, Sissi gira sobre sus talones y se va. Rápidamente, Ulrich se planta delante de Finson.

—¡Buenos días! Me preguntaba si ya ha visitado la fábrica que nos ha comentado.

—No, haré las primeras localizaciones más tarde —responde el cineasta.

Se dispone a dedicarle una foto, pero Ulrich la rechaza con un gesto educado. No ha venido a buscar eso.

—Conozco ese lugar como la palma de mi mano —apunta el chico, inocentemente—. ¡No encontrará un guía mejor!

Finson se sorprende.

—Vaya, en este colegio sois todos muy decididos. De acuerdo, te contrato como guía.

2

LOCALIZACIONES EN LA FÁBRICA

En el islote, la vieja fábrica parece un carguero encallado en medio del río. El puente que la une a la población es como un amarre que impide que vaya a la deriva. En cuanto termina la sesión de autógrafos, Ulrich conduce a Finson hasta allí. A pie son cinco minutos desde la academia Kadic*.

Al cruzar el puente, los visitantes se adentran en una galería circular que domina una sala alta y larga envuelta en una aureola de luz. La vista desde arriba es impresionante: parece la nave de una catedral.

—¡Magnífico! —exclama admirado Finson, paseando la mirada a su alrededor—. ¡Es aún mejor de lo que creía!

Ulrich hace una mueca de duda.

—Sí, no está mal. Pero está bastante destartalada... Tendrá que vigilar que el techo no se le caiga encima —le advierte, señalando la cubierta metálica oxidada en algunas zonas.

Finson mira el techo entusiasmado.

—¡Excelente! ¡Me encantan los rodajes peligrosos! Los actores interpretan mucho mejor bajo presión.

Ulrich hace otra mueca. Debería haber imaginado que un tipo al que le gusta meter miedo a los demás también disfruta pasando miedo.

Finson tiene prisa por descubrir la sala y se adelanta al muchacho por la escalera metálica que baja verticalmente hasta la nave inmensa. Un instante más tarde, lanza un silbido de admiración y sigue avanzando a grandes zancadas sin esperar a su guía. Los pasos de Ulrich resuenan en el silencio y lo alcanza, decidido a sabotear cueste lo que cueste la visita.

—Mmm... habrá que ir con cuidado con el material. Esto está infestado de ratas —insiste.

Por desgracia, los ojos del realizador se iluminan y se frota las manos.

—¿Ratas? ¡Estoy de suerte, las necesito para una escena!

Excitado, pasa por delante de un Ulrich contrariado que tiene que apretar el paso para no quedarse atrás.

Decididamente, sus maniobras de disuasión no tienen efecto alguno sobre Finson, ¡sino todo lo contrario!

—Conclusión: ¡no hay que fiarse de Ulrich cuando dice que tiene un plan! —susurra Odd, en ese momento, desde la galería circular, entre Yumi y Jeremy.

Preocupados, los tres compañeros han seguido a su amigo a escondidas para ayudarle si las cosas se ponían feas. No se han perdido ni un detalle de la conversación...

—Sí —confirma Jeremy—. En vez de desanimar a Finson, aumenta su deseo de rodar en la fábrica.

Yumi está callada. Detesta cuestionar a sus amigos, sobre todo a Ulrich, de quien se siente tan cercana. De repente, el corazón le late con más fuerza: Finson se acerca al ascensor que une la galería con la nave... y con las plantas inferiores, de modo que permite acceder directamente al superordenador*.

De un salto, Ulrich se planta delante de la puerta abierta del ascensor y empieza a hablar a toda velocidad:

—¡Es cierto que es un decorado genial! La pega son los toneles de uranio que han estado almacenados aquí años y años. Eso lo convierte en un lugar ligeramente radioactivo.

Su tentativa de obstrucción es genial. Pero Finson, absorto en su película, ni siquiera lo ha escuchado.

—Mmm... —masculla—. ¿Y ese montacargas? ¿Sabes a dónde lleva?

Ulrich siente brotar las gotas de sudor sobre su frente.

—Ah, ese trasto... ¡hace siglos que no funciona! De todos modos, según dicen...

Un aullido en lo alto de la sala le interrumpe. Se sobresalta al mismo tiempo que Finson. Esa voz, ese grito que ha sonado justo en el momento en que... ¡Odd! Solamente puede ser él quien imite a los fantasmas delante de Finson.

Pero ¿qué está haciendo en la fábrica? Ulrich, apurado, no se atreve a mirar al cineasta.

—¿Qué ha sido ese ruido? —pregunta este último.

Ulrich levanta la cabeza hacia Finson, que espera impasible su respuesta. Bueno, al fin y al cabo quizá Odd no haya tenido una idea tan mala...

—Ese ruido... mmm, ¡nada, nada! —balbucea—. Simplemente le digo que hay quien cuenta que la fábrica está encantada...

Se detiene, esperando la reacción de Finson, que escucha con atención.

—...Personalmente, no creo en los fantasmas, pero nunca se sabe —termina Ulrich con una sonrisa crispada.

Lanza una mirada a Odd. Yumi ya lo ha hecho callar: no sea que vuelva a empezar.

Por lo menos, su intervención ha desviado la atención de Finson. Se aleja del ascensor y se pone en marcha de nuevo. Ulrich le sigue en silencio, cada vez más desesperado. Ahora no hay duda: Finson rodará su película en la fábrica. Ha fracasado. De repente, el cineasta se detiene y se vuelve hacia su guía. En sus labios se dibuja una sonrisa:

—¡Decididamente, este lugar supera de sobras mis expectativas! —le confía—. Y tú tienes la pinta de conocer todos sus rincones... Dime, ¿qué te parecería trabajar como asesor técnico durante el rodaje?

Ulrich no puede creer lo que escucha. ¡Claro! Eso es. La solución.

—No, ¿en serio? —pregunta, mirando al director, que se ha inclinado hacia él.

—¡Muy en serio!

—Vaya... ¡será un honor! —logra articular Ulrich—. Aunque el director no dejará que me salte las clases...

Finson lo rodea con un brazo protector y afirma:

—¡De eso me encargo yo!

Ulrich le devuelve la sonrisa. Nunca se había sentido tan aliviado.

Mientras en la galería, el trío da discretamente media vuelta, el adolescente pretexta una cita en el colegio para abreviar la visita.

A última hora de la tarde, toda la academia Kadic* sabe que Finson quiere que Ulrich trabaje en su rodaje.

Y puesto que una Sissi prevenida vale por dos, la chica, acompañada del enclenque Herb y del enorme Nicolas, sus perritos falderos de cuarto curso, espera plantada en el pasillo del edificio de administración mientras Finson y Ulrich negocian a dos pasos de allí en el despacho de su querido papá.

—Sissi, tu padre no aceptará que Ulrich se salte las clases —especula Herb.

Sissi da media vuelta y mira a los dos chicos.

—¡Espero que sí! —replica con un brillo desafiante en sus ojos—. Eso me dará la oportunidad de convertirme en una gran actriz.

Herb y Nicolas la miran como si no comprendieran lo que acaba de decir. Sissi, exasperada, les indica que lo dejen correr y se acerca sigilosamente a la puerta que lleva a la sala de dirección.

Finson y Ulrich salen del despacho de su padre justo cuando ella gira el picaporte.

—No lo entiendo, ¡incluso le he propuesto que su nombre aparezca en los créditos! —comenta el realizador, decepcionado.

Antes de que Ulrich responda, Sissi les interrumpe:

—Señor Finson, ¿puedo hablar con usted dos segundos?

—¡No me lo puedo creer! —exclama Jeremy, sentado en el escritorio de su habitación, en el internado del colegio—. ¿Sissi ha logrado un papel en la película?

—Exacto —confirma Ulrich, instalado junto a Odd en la moqueta, antes de explicar a sus amigos que era el único modo de llegar a un acuerdo con el director.

Yumi, externa, ha vuelto a casa de sus padres. Mientras esperan la hora de cenar, los tres chicos charlan en la ha-

bitación de Jeremy, el Einstein del grupo. Todo está ordenado. Un póster de Einstein preside la cama. Material informático de última generación cubre el escritorio.

—A cambio, ha logrado convencer a su padre para que me deje faltar a clase —termina Ulrich.

En el silencio que sigue a la asombrosa noticia Odd observa a su compañero con una mirada pícara.

—¡Tú y Sissi juntos en un rodaje! —se burla—. ¡Chico, estás de suerte!

—¿Qué dices? ¡No me va a dejar ni a sol ni a sombra! —protesta Ulrich.

Avergonzado, baja la cabeza. El humor de los dos, tan distinto, a veces crea fricciones.

—Lo que cuenta es que estarás allí para impedir que descubran el laboratorio —interviene Jeremy.

En ese instante, una carita simpática aparece en una de las pantallas de ordenador.

—¡No puede ser tan terrible! —añade la voz de Aelita.

Como siempre, su amiga virtual aporta un poco de buen humor y delicadeza.

Con la esperanza de que Sissi, ocupada con el rodaje, lo deje un poco tranquilo, Ulrich se anima.

3

¡AISLADOS!

—¿Todo bien? ¿No pesa demasiado? —pregunta Sissi contoneándose como una Miss Mundo.

Tras ella, en el puente, Ulrich acarrea la maleta de la señorita, tan pesada que apenas puede con ella. Sin esperar respuesta, Sissi empieza a hablar muy excitada:

—¡Cuando pienso que pronto seré una estrella! ¡Y que tú, querido Ulrich, tendrás la suerte de vivirlo en directo! Ah, te envidio, Ulrich, te envidio, ¿sabes?

Por supuesto, si Ulrich tuviera láseres en lugar de ojos, Sissi se esfumaría. Pero la práctica intensiva del pencak silat*, una arte marcial muy antigua, le ha enseñado a controlar sus emociones. Ha decidido ser amable cueste lo que cueste. ¡Por lo menos mientras dure el rodaje!

Después de un último esfuerzo, los dos estudiantes se detienen ante la entrada del edificio. Sentada detrás de una mesa, entre dos vigilantes, una mujer joven morena y seria bloquea el paso. Sissi se inclina, con aires de diva:

—¡Buenos días! El señor Finson nos espera.

—¿Lleváis teléfonos móviles? —pregunta amablemente la mujer.

—Sí, ¿qué se cree? —replica Sissi.

—Confiscados. ¡Órdenes del señor Finson!

Con un gesto autoritario, señala junto a ella una caja repleta de móviles. Ulrich y Sissi comprenden que no tienen otra elección...

Al cabo de dos minutos, desprovistos de sus teléfonos móviles, siguen a un hombre joven hacia la gran sala. Se presenta como el ayudante de Finson y les indica que acaban de conocer a la directora de producción. A continuación les explica el porqué de las estrictas reglas impuestas a todos por el gran jefe Finson.

—Durante el rodaje, nadie puede comunicarse con el exterior sin su autorización —les explica—. Es para evitar filtraciones y chismes a la prensa sensacionalista.

Al cruzar la fábrica, el trío se tropieza con técnicos atareados. Algunos hacen gestos de bienvenida, a los que Sissi responde melindrosa. Hay material esparcido por toda la nave. Incluso hay sacos de dormir y tiendas de campaña.

—Como medida de seguridad, el equipo dormirá aquí y los guardias vigilarán la entrada —comenta brevemente el ayudante.

Al ver la expresión de tensión de Ulrich, añade con una sonrisa:

—Aparte de esto, ya veréis que hay buen rollo.

Ulrich no lo duda. Aunque con Sissi pegada como una lapa... No, lo que le preocupa en realidad es su teléfono.

—Y si tenemos que llamar a nuestros padres por cualquier problema, ¿qué hacemos? —pregunta.

—¡En un rodaje de James Finson, nunca hay problemas! —afirma el ayudante sin dudarlo.

Ulrich hace una mueca. ¿Cómo logrará comunicarse con la banda? De repente, la mano de Sissi le agarra el brazo. Lo mira con expresión embobada.

—Aislados del resto del mundo... ¡Me parece tan romántico! Es como si estuviéramos los dos en una isla desierta.

—Genial, me va a encantar —balbucea Ulrich.

El ayudante los conduce hasta una pequeña aglomeración en una esquina de la sala. Una decena de personas rodea a Finson, de espaldas ante una tela que cubre un bulto grande y alto.

—¡Bueno! Ha llegado el momento de presentaros al protagonista de la película —anuncia el director—. ¡Preparaos para una gran sorpresa!

Con un gesto teatral, tira de la lona. Entre murmullos, el equipo descubre un gigantesco alienígena verde atado por los hombros a una estructura transversal y unido por un cable a un ordenador.

El monstruo es realmente impresionante: torso y brazos humanos tremendamente musculosos, fuertes patas de rana y una boca enorme rodeada de tentáculos. Con los ojos chispeantes, Finson analiza las reacciones en los rostros.

—Vamos, decidme con toda franqueza —exclama—. ¿No es el más bonito de todos mis monstruos? Y, esperad, ¡no lo habéis visto todo! Gracias a un sistema que he inventado, lanza hilos recubiertos de cola. ¡Será un efecto brutal!

El entusiasmo se puede ver en los rostros.

Ulrich se acerca para examinar a la bestia de cerca: es un clásico animatrónico*, la tecnología usada en el cine fantástico para animar robots hiperrealistas que sustituyen a las criaturas imposibles de encontrar en un *casting*.

—¡Curioso! —comenta, decidido—. Pero me recuerda al alienígena de la película de...

Una mano sobre su hombro lo interrumpe bruscamente... Con una voz vibrante de cólera, Finson pone los puntos sobre las íes:

—¡Mi criatura es única, jovencito! Y mi película no se parece a ninguna, ¿comprendido?

Un silencio de plomo sigue a sus palabras. Luego, el director se da la vuelta y se aleja a paso vivo de la sala.

¡Qué bruto! Ulrich se ha quedado pasmado.

El ayudante lo tranquiliza con un gesto que da a entender: «tranquilo, el jefe es susceptible, eso es todo».

«Eso espero», piensa Ulrich, avergonzado de su metedura de pata.

Sissi sale como una flecha detrás del director.

—¡Señor Finson!

Finson se para y la mira acercarse, aparentemente calmado.

—¿Podría darme mi texto, por favor? —resopla Sissi cuando lo alcanza—. Me gustaría repasarlo: cuando se es profesional...

—¡Oh, por supuesto! —responde Finson muy serio—. Aguarda un segundo...

Saca un papel y un bolígrafo del bolsillo y garabatea algo con rapidez.

—Toma.

—¡Gracias! —exclama Sissi, impaciente por descubrir el primer papel de su futura, larga y magnífica carrera como actriz.

Pero su sonrisa encantadora deja paso a una expresión de catástrofe en cuanto lee el texto... Tiene una palabra: «¡Aaaaaaaaaaah!». Incapaz de articular ni una sola sílaba, levanta hacia Finson sus ojos asustados.

—Eso es todo —le confirma el cineasta, socarrón—. Interpretas a la primera víctima del alienígena. Veinte segundos en pantalla... ¡pero veinte segundos de gloria!

Abandonada en medio de la sala, Sissi arruga el papel y lo tira al suelo furiosa.

4

EL ALIENÍGENA

Es de noche en el campamento improvisado en la nave de la vieja fábrica. Amanecerá en una hora o dos. Ulrich sale cuidadosamente de su saco de dormir para no despertar a Sissi, que duerme a su lado. Se acostó vestido, de modo que solamente tiene que ponerse las zapatillas.

Una vez calzado, se desliza fuera de la tienda y se aleja a paso ligero, sin despertar la atención de algunos insomnes, sin duda demasiado emocionados ante el inicio del rodaje para poder dormir. La curiosidad lleva a Ulrich a detenerse ante la lona del alienígena, ligeramente entreabierta. Pero está demasiado oscuro para ver a la bestia. Reemprende el camino silenciosamente.

Unos segundos más tarde, una sombra pasa discretamente ante la lona, sin detenerse. Pasa un minuto y el ordenador que controla el alienígena se enciende. Una especie de ojo aparece en la pantalla. De repente, un hilo de humo negro se escapa del ordenador y se desliza a lo largo del cable hasta la lona. El alienígena abre los ojos y la boca...

En la habitación de Jeremy suena un timbre; se ha despertado muy temprano para trabajar en su gran proyecto: la materialización* de Aelita. Si da con la clave correcta, Aelita irá a vivir con ellos y dejará de correr el peligro de ser destruida por X.A.N.A.*. La llamada proviene de la fábrica. De Ulrich, seguramente. Mira, está en el laboratorio...

—¿Qué haces ahí? ¿Hay algún problema? —se alarma Jeremy.

En la planta inferior de la nave se encuentra el laboratorio, la sala de control del superordenador*. Para Jeremy, es un paraíso informático que alberga una maravilla tecnológica: el holograma* animado de Lyoko. En el interior de un gran globo luminiscente gira una especie de astro brillante rodeado por dos anillos simétricos, que abarcan

cuatro islas-paisajes, los territorios del Hielo, el Bosque, el Desierto y la Montaña del mundo virtual.

Ulrich, con un casco-micrófono, está sentado en la butaca de control que, como el cuadro de mandos de pantallas múltiples del superordenador*, se desliza alrededor del globo.

Le cuenta a Jeremy que Finson ha confiscado los teléfonos móviles y ha enclaustrado a su equipo para proteger la película, y concluye:

—¡Está totalmente paranoico! No va a resultar fácil comunicarse.

—¿Y eso? —dice una voz a su espalda—. ¿Qué es este sitio tan raro?

Ulrich se gira rápidamente. Al pie de la escalera por la que acaba de bajar él mismo, está Sissi, con los ojos abiertos como platos.

—¡Por favor, no me digas que la voz que he oído es la de Sissi! —suplica Jeremy en el auricular.

Ulrich pasa del estupor al nerviosismo en un instante, se quita el casco, se planta de un salto ante la intrusa y tartamudea:

—Eh, sí, Sissi, oye, puedo explicártelo pero no le digas nada a nadie, si no...

—Si no, ¿qué? —le interrumpe ella—. ¿Un monstruo repugnante y baboso me va a devorar viva?

En ese instante, nota algo frío que resbala sobre su frente. Sissi levanta la cabeza instintivamente y... grita.

Ulrich levanta la cabeza: el alienígena de Finson está agarrado a la pasarela sobre el laboratorio. Vivito y coleando, dirige hacia ellos sus ojos amenazadores.

—¡Jeremy, tenemos un problema gordo! —advierte

Ulrich, levantando la voz para que llegue al casco-micrófono.

Temblando de pies a cabeza, Sissi se refugia junto al ascensor, la otra vía de acceso al laboratorio. Ulrich está a punto de llegar junto a ella cuando el aire silba sobre él. Apenas tiene tiempo de lanzarse hacia un lado para esquivar un rayo pegajoso que se estrella contra el suelo. Luego, en una voltereta acrobática, se levanta, agarra el brazo de Sissi y la empuja hacia el interior del ascensor.

—Vamos, rápido, rápido —susurra Ulrich, pulsado frenéticamente el botón rojo de puesta en marcha.

El alienígena ha aterrizado en el otro lado del globo, en el centro del laboratorio. De su boca abierta salen filamentos pegajosos. Ulrich y Sissi retroceden hacia el fondo del ascensor. Frente a ellos, ¡el monstruo! Se acerca peligrosamente. Toma impulso para saltar... ¡pero es demasiado tarde! La puerta del ascensor se cierra en sus narices con un ruido de chatarra, y el aparato se tambalea por fin.

Arrodillados, Sissi y Ulrich recuperan el aliento. Han escapado por los pelos. Pero los golpes resuenan sobre el suelo, que se abolla ante sus ojos. De repente el ascensor se detiene.

Al cabo de un instante de silencio que parece durar un

siglo, un inmenso brazo verde surge del suelo. Ulrich oye el grito de súplica de Sissi:

—¡Oh, nooooo!

Respira hondo y recorre la cabina con la vista. En el techo se encuentra una trampilla providencial...

Con rapidez, se entrelaza las manos para hacerle un escalón a Sissi.

—Sube. Yo te sigo —articula con toda la calma posible.

Dócil, Sissi se encarama hasta la trampilla, que milagrosamente se abre con facilidad.

Se incorpora y se inclina hacia Ulrich, con las manos extendidas. El chico salta y se agarra a ella. Sissi lo levanta, el miedo multiplica su fuerza. Ulrich se eleva, pero en el instante en que saca el cuerpo fuera de la cabina, el alienígena salta y le atrapa el pie.

—¡Ulrich ! —grita Sissi, aterrorizada.

Sin desmoralizarse, Ulrich patalea con todas sus fuerzas para soltarse el pie. Y funciona: el alienígena acaba por soltar la presa y se va por donde había venido llevándose como único botín... ¡una zapatilla!

«Bah, mejor eso que mi pie», se consuela Ulrich, trepando al techo del montacargas. Sissi lo recibe con una sonrisa tensa. Debajo, el alienígena ruge rabioso como una fiera enjaulada. Tienen que marcharse cuanto antes. Por suerte, un orificio de ventilación se abre a su altura en la pared.

—¡Ven! —dice Ulrich sacando la rejilla.

Sissi va tras él y se cuela a cuatro patas en el conducto.

Mientras tanto, solo en su habitación, Jeremy reflexiona. Está claro que el «serio problema» de Ulrich le impide contestar al teléfono. Jeremy presiente un ataque de X.A.N.A.*; tiene que saber si está en lo cierto. En un abrir y cerrar de ojos, se conecta con Lyoko, resume la situación a Aelita y hace un escáner* del mundo virtual.

Los iconos de las torres* de los cuatro territorios desfilan por la pantalla hasta que la imagen se fija con un «bip» de alarma. El escáner* ha encontrado una torre* activada.

— ¡Bingo! ¡X.A.N.A.* ha vuelto! —constata Jeremy al ver parpadear una torre* del Hielo. Sabe qué es lo que tiene que hacer: llamar al móvil de Yumi y despertar a Odd.

5

¿DESAPARECIDOS?

Al alba, una música tenebrosa despierta a los que duermen esparcidos por la fábrica. Una cabeza despeinada asoma de una tienda y una voz gruñe:

—¿Quién es el cretino que...? ¡Ah, es usted, jefe! Lo siento...

Finson sonríe ante el semblante avergonzado de su técnico.

—No está mal, ¿verdad? La he compuesto para la película.

Aplaude.

—¡Vamos, en pie, pandilla de perezosos! ¡Tenemos que

rodar una película! ¡Traed al alienígena! Siluetas adormecidas salen de las tiendas. La noche ha sido corta... Pero al cabo de diez minutos el equipo está alrededor de Finson. El cineasta reina en la sala desde la tradicional butaca de tela con su nombre escrito sobre una humilde corona.

La *script* le tiende el guión.

—¿Jefe? —lo llama el ayudante por el *walkie-talkie*—. Tendría que venir. ¡Hay un pequeño problema aquí!

En el otro extremo de la nave, una sorpresa desagradable espera a Finson...

La tela y el cable que conectaba al alienígena con el ordenador descansan sobre el polvo. La criatura ha desaparecido... La tormenta estalla; el ayudante está en el ojo del huracán.

—¡A esto le llamas un pequeño problema! —ruge Finson—. Hay que encontrarlo, ¿comprendes? No se puede haber ido solo. ¡Vamos, muévete!

Aparece entonces la directora de producción, con aire de preocupación.

—Señor Finson —le anuncia, bajando la voz—, los chicos... ¡han desaparecido!

Al acecho, Ulrich y Sissi se aplastan contra una pared en la sala de máquinas, cuyas dos plantas se alzan en la prolongación de la gran nave de la antigua fábrica.

Tras el recorrido por los conductos de aire, han llegado a este laberinto de estructuras metálicas y de aparatos gigantes bañado por una luz lúgubre. ¿Dónde se ha metido el alienígena? Ulrich lo ignora. Solamente espera que Jeremy haya comprendido cuál es el problema.

—¡La criatura de Finson ha cobrado vida! —murmura de repente Sissi—. ¿Cómo te lo explicas? No es más que una máquina de plástico y caucho...

La mano de Ulrich sobre su boca la interrumpe. Le ha parecido escuchar... ¡Sí! Un gruñido, muy cerca. Intercambian una mirada angustiada. Y de golpe el alienígena aparece frente a ellos. Caído del cielo.

—¡Nooooo! —grita Sissi.

Ni ella ni Ulrich tienen tiempo de escapar: el monstruo arremete contra ellos escupiendo hilos recubiertos de cola. En un santiamén, los arrolla, los catapulta contra la pared y los aprisiona en una especie de telaraña espesa. Entonces, el alienígena se acerca a Sissi. La adolescente se desmorona, pero el monstruo se contenta con lamerle la mejilla antes de desvanecerse tal como había aparecido.

En el mismo momento, tres siluetas avanzan furtivamente por el puente que lleva a la fábrica. El vigilante, que ronca en su silla, apenas gruñe cuando los intrusos franquean la entrada de puntillas. Cinco minutos más tarde, llegan a un lugar que solamente ellos conocen.

—A ver, yo intentaré encontrar a Ulrich y a Sissi —susurra Yumi—. Seguimos en contacto.

—De acuerdo.

Ella se va por un lado, y Odd y Jeremy por el otro.

Una vez en el laboratorio, Jeremy se instala en su puesto, sonriente. El informático que hay en él está excitado ante la idea de retomar la lucha contra su mejor enemigo: ¡X.A.N.A.*! Se pone el casco-micrófono y escribe en el teclado situado bajo las pantallas de control para iniciar el programa Lyoko.

Varias ventanas correspondientes a las distintas interfaces del programa de realidad virtual aparecen en las pantallas.

—¿Aelita? —la llama.

El rostro de la guapa humanoide* se enmarca en una ventana digital.

Junto a ella, en la ventana del holomapa* —el mapa virtual en 3D de Lyoko—, la posición de Aelita aparece indicada por un punto amarillo. En ese momento, parpadea en el territorio del Desierto.

En su realidad, de pie frente a un horizonte de arena y roca bajo una luz intensa, Aelita se aplica a captar el Desierto con todos sus sentidos cuando oye la voz de Jeremy.

—¿Cómo pinta la cosa? —le pregunta.

—Bastante mal, tenías razón, Jeremy —responde Aelita con su voz aflautada—. ¡X.A.N.A.* se ha despertado!

A su alrededor, siguiendo el ritmo de una pulsación sorda que por desgracia conoce muy bien, círculos de ondas recorren la arena, como si alguien lanzara guijarros invisibles.

—El escáner* ha localizado la torre* activada en el Hielo —indica Jeremy—. ¡Odd se prepara para aterrizar!

Yumi avanza en la penumbra de la sala de turbinas, un vasto espacio subterráneo ocupado por canales llenos de agua, bordeados por altos pilares. Solamente un techo y un suelo la separan de los prisioneros del alienígena...

De repente, dos individuos provistos de antorchas bajan por la escalera de pared. Yumi se oculta sin hacer ruido detrás de un pilar. Ha entrevisto las siluetas: un hombre y una mujer. ¿Colaboradores de Finson que buscan un buen rincón para la película o quizá una pareja de enamorados?

—Sinceramente, ¿crees que los dos chicos se han llevado al alienígena? —dice la mujer.

—Si ha sido así, ¡Finson les hará pasar un mal rato!

Yumi ha oído suficiente. Se marcha en sentido contrario cuando su pie tropieza con un objeto metálico que rasca ruidosamente el suelo. Inmediatamente, los dos individuos se precipitan hacia donde está ella. Yumi se oculta tras el primer pilar que encuentra y se acurruca.

Se acercan... Están a menos de un metro... Sus antorchas iluminan la zona. Yumi aguanta la respiración. De repente, imagina qué haría Odd en su lugar: ¡imitar el ruido de una rata!

«¡Para!» grita para sus adentros a la carcajada que siente crecer. Como por arte de magia, las antorchas se alejan. ¡Uf! Por poco.

6

EN LYOKO

—Hola, ya estoy aquí —informa Odd en el auricular de Jeremy.

Odd ha dejado al as de las pantallas en el laboratorio y ha bajado otra planta, hasta una sala muy alta que acoge tres gruesos pilares: escáneres*.

Están cubiertos de cables que suben como las ramas de un árbol y cruzan el techo en dirección al laboratorio.

Los cables hunden sus raíces en la planta inferior, donde se encuentra la sala del superordenador*.

—Aelita está en camino hacia el territorio del Hielo

—avisa Jeremy por el altavoz—. ¿Preparado para la transferencia*?

Odd se acerca a un pilar, que se abre y se cierra tras él.

—¡Transfiriendo a Odd! —ordena Jeremy, tecleando. La tarjeta de identidad digital* de Odd se abre junto al holomapa*, en la pantalla.

—¡Escáner*!

Odd recibe los rayos de una multitud de sensores láser. Mientras tanto, Jeremy ve cómo su doble digital se dibuja en 3D en la ventana de escaneado*.

La silueta se colorea.

Excepto por la cola y las manos con cuatro dedos, ese Odd se parece mucho al Odd real. ¡Y además es felino!

—¡Virtualización! —dice Jeremy pulsando la tecla Enter.

El escáner* se vuelve incandescente. En medio de un ruido ensordecedor, Odd cobra vida virtualmente en el cielo azul del territorio del Hielo de Lyoko.

Se tiñe de color y cae al suelo bruscamente...

Odd se pone de pie sobre el hielo con la ligereza de un gato. Echa un vistazo a su alrededor. Está sobre un dique rodeado de agua. «Brr... debe de estar helada», se dice, sin pizca de ganas de verificar si su cuerpo virtual siente el frío. Su vista no alcanza a ver más que el azul del mar y el blanco centelleante del hielo, que dibuja arcos, puentes e icebergs de todas las formas. Educado en una familia de artistas, Odd disfruta de la magia del espectáculo. La voz musical de Aelita interrumpe su contemplación.

Corre por el dique, visiblemente contenta de encontrarse de nuevo con él.

—Vives en un sitio muy bonito, pero no hace mucho calor... —le dice Odd cuando se acerca, sonriente.

Aelita también sonríe. El humor de Odd es una de las cosas que prefiere de los humanos.

—¡La plataforma de la torre* activada está ahí abajo!

—dice ella, extendiendo el brazo hacia lo lejos ante ellos—. Vamos, correr un poco te hará entrar en calor.

En la sala de máquinas de la fábrica, se podría oír el vuelo de las moscas. Pero las «moscas» están pegadas a la pared bajo una capa de hilos de cola.

—¡No entiendo nada! —se lamenta Sissi—. ¿Por qué nos ha perdonado la vida cuando podría... habernos...?

Calla, incapaz de pronunciar la palabra en la que está pensando.

—Creo que nos quería utilizar para atraer a los demás —dice Ulrich, a regañadientes.

Cree que Sissi tiene derecho a conocer parte de la verdad.

—Cuando dices «los demás», ¿qui... quieres decir toda tu pandilla? Pero ¿por qué...?

Un ruido brusco les hace girar la cabeza. Una silueta femenina aparece.

—¡Ulrich, Sissi!

—¡Yumi! —exclama Ulrich como un eco.

Yumi avanza hacia ellos. Zen, como siempre. De hecho, la puesta en escena casi le divierte. Lleva el sello de Finson, pero con un toquecito de X.A.N.A.*, claro.

Saca su cuchillo y dice:

—¡Sobre todo no os mováis, ya voy!

—¡Muy graciosa! —refunfuña Ulrich.

En realidad, se alegra. ¡Es genial encontrar a Yumi! Mientras la chica corta los hilos más gruesos, Ulrich le cuenta brevemente los acontecimientos desde la noche anterior. Pronto los prisioneros pueden mover los brazos y las piernas. Los hilos de cola se amontonan en el suelo a medida que se libran de las últimas ataduras.

Sissi sonríe a la chica que probablemente acaba de salvarle la vida.

—Yumi, sinceramente pensaba que jamás te diría esto, pero me alegro de verte. ¡Gracias!

—Ya intercambiaréis vuestras direcciones más tarde —les interrumpe Ulrich—. Si no nos largamos de aquí, X.A.N.A.* caerá sobre nosotros.

Sissi no tiene tiempo de preguntar quién es porque una voz grave les ordena:

—¡Salid de aquí enseguida!

Los tres adolescentes se dan la vuelta. A pocos metros, el creador del alienígena los mira furioso.

7

EL ATAQUE DE LOS AVISPONES

En guardia ante las pantallas del laboratorio, Jeremy se sobresalta: en el holomapa*, cinco puntos rojos parpadean, formando una V perfecta que se dirige inexorablemente hacia los puntos verde y amarillo de sus amigos.

—¡Odd, Aelita, cuidado! ¡X.A.N.A.* envía a sus monstruos*! Detrás de vosotros, un enjambre de avispones armados con láseres.

Odd y Aelita, que corren sobre el dique, levantan la cabeza sin aminorar la marcha. Cinco insectos alados surcan el cielo azul del Hielo zumbando como aviones.

—¡Por fin un poco de acción nos hará entrar en calor! —exclama Odd, contento.

En ese instante, la escuadra de avispones efectúa un picado fulgurante y planea en formación cerrada sobre los corredores. De repente, los cinco aguijones rojizos de los monstruos* alados lanzan una avalancha de láseres sobre Aelita y Odd, que aceleran la marcha hasta perder el aliento para esquivar los impactos del diluvio atronador.

Milagrosamente, los rayos caen a su alrededor, sin hacer diana. Volar como un helicóptero para disparar en pleno vuelo es difícil hasta para los avispones: los insectos ganan altura y se alejan.

—¡Vaya! Un comité de bienvenida encantador —comenta Odd, que corre a toda prisa detrás de Aelita para protegerla mejor.

En el otro extremo del cable, en el laboratorio, Jeremy hace una mueca ante el holomapa*.

Los avispones no los perderán de vista hasta la torre* activada, especialmente porque Odd ha aterrizado en solitario y está solo para escoltar a Aelita.

Ya está, los monstruos* de X.A.N.A.* dan media vuelta para encarar a su presa de frente.

«Hay que ser astuto», decide Odd. Ahora va delante de

Aelita. Trepa en dos zancadas un iceberg junto al dique y salta con el puño en alto hacia uno de los avispones justo en el momento en que éste vuela a su altura.

Sorprendido, el monstruo* duda. Es lo que Odd esperaba. Apunta y grita:

—¡Flecha láser!

Un disparo estalla en su guante como un misil y acierta en el centro del Ojo de X.A.N.A.* dibujado sobre el cráneo del avispón.

El insecto explota estruendosamente.

Debido al impulso, Odd rebota sobre el dique, con la gracia de un lince.

Pero los cuatro atacantes dispersados por su respuesta vuelven por su espalda.

—¡Odd, cuidado! —grita Aelita, que se ha quedado atrás prudentemente.

Cuando Odd se da la vuelta, los avispones están demasiado cerca. No puede esquivarlos. Una ráfaga de láseres lo lanza al suelo y el escuadrón se aleja preparado para un nuevo ataque. Atontado, Odd abre los ojos y ve la cara inquieta de Aelita inclinada sobre él. Con una mueca, se incorpora y dice alegremente:

—¡Sigamos!

Huyen corriendo: los avispones les pisan de nuevo los talones. Sin perder de vista los puntos verde, amarillo y rojos que se desplazan en la misma dirección sobre el holomapa*, Jeremy marca el número del móvil de Yumi.

El teléfono de Yumi vibra en su mochila. Evidentemente, será Jeremy con noticias. Pero no puede responder. Si lo hace, Finson le confiscará el móvil: está frente a Ulrich, Sissi y ella misma en la vieja sala de control de la fábrica junto a la planta superior de la sala de máquinas.

—¡Vamos! Estoy esperando vuestras explicaciones. ¿Qué habéis hecho con mi criatura? Antes de que pue-

dan responderle, la puerta chirría y una sombra invade el umbral. Finson se gira. Su alienígena se recorta en el umbral. El cineasta está demasiado sorprendido para reaccionar. La bestia lo envía por los aires con un golpe de tentáculo.

La cabeza de Finson golpea contra el suelo y pierde el conocimiento.

Los adolescentes se precipitan hacia una puerta en el fondo de la habitación, pero el alienígena ya va tras ellos.

—Jefe, ¿lo ha encontrado? —pregunta una voz en el pasillo.

El alienígena se detiene de golpe. Dos individuos aparecen en la puerta. Sissi y Ulrich reconocen al ayudante y a la directora de producción; Yumi, a la pareja de la sala de turbinas.

Se detienen al ver al alienígena. Mientras la criatura duda ante el ataque interrumpido, Finson recobra el sentido.

—¡Cogedlo, daos prisa! —ordena.

Sus dos colaboradores entran en la sala pero vuelven a salir al instante, lanzados contra la pared del pasillo por los rayos de hilos del alienígena, que los aprisionan en un santiamén en dos telarañas hechas a medida. Justo cuando el monstruo termina con ellos, la puerta del fondo se cierra tras los chicos. Salta pero es tarde, las manos del cineasta le agarran la cola.

—¡Detente! ¡Soy tu creador, tienes que obedecerme! —se desgañita Finson.

El alienígena se gira y ruge. Sin impresionarse, Finson repta hacia él. Un segundo más tarde, está pegado a la pared del pasillo.

Mientras tanto, Ulrich, Yumi y Sissi han organizado como han podido una defensa en la habitación sin salida en la que se han refugiado. Han amontonado detrás de la puerta una cómoda, una mesa y un somier. Como preveían, el alienígena no tarda en demostrarles su deseo de entrar... ¡A golpes de ariete, como en la Edad Media! O por lo menos eso imaginan los sitiados al oír los golpes sordos que se repiten. La cómoda vacila, pero aguanta. ¿Hasta cuándo?

Llevados por un mismo impulso, los chicos se aplastan contra la pared opuesta a la puerta. Yumi saca su teléfono.

—¿Jeremy? ¡Sí, sí, los he encontrado! Pero X.A.N.A.* ha tomado posesión de un monstruo que no tardará en...

Las palabras se ahogan en su garganta: un golpe más fuerte que los anteriores ha hecho tambalear la puerta.

8

TORRE A LA VISTA

X.A.N.A.* ha tomado posesión de un monstruo que no tardará en... ¿qué?

Jeremy lo ignora, pero sabe que las materializaciones* de X.A.N.A.* causan estragos.

Han sido concebidas para ello. Angustiado, consulta el holomapa*:

—¡Odd! —grita—. Yumi y Ulrich están en un aprieto. ¡Hay que darse prisa!

Odd corre delante de Aelita. Los cuatro avispones los alcanzan progresivamente.

¿Cómo deshacerse de ellos? De pronto, se para en

seco. El dique se acaba y deja paso a una rampa muy empinada. Se adentra en un túnel que más abajo se hunde en una colina.

—¡Uau, menuda bajada! —exclama Odd.

Detrás de Aelita, las siluetas aladas de los avispones se acercan. Los monstruos* disparan.

—¡No tenemos elección! —continúa—. ¡Vamos!

Un pie delante, el otro detrás, sin necesidad de plancha, se lanza por la pendiente helada. Como un surfista, manteniendo el equilibrio con los brazos.

—¡Uau! ¡Impresionante!

—¡Aaaaaaaaaah! —grita Aelita.

Ella le sigue a buena velocidad, ¡pero sobre su trasero! Los avispones les persiguen en el descenso. Los haces anaranjados de sus láseres apuntan a los pantalones de Odd y Aelita... pero no consiguen alcanzarles antes de que se adentren en el túnel. Allí, los avispones se detienen: esa especie de embudo no les hace ni pizca de gracia.

La galería sinuosa es idéntica a una pista de *bobsleigh*. Odd está entusiasmado.

—¡Aaah! ¡Genial! —canturrea, en perfecto equilibrio sobre sus pies de gato—. Creo que me quedaré a vivir aquí. ¡Yihaa!

Disfruta como un loco y perfecciona su estilo a cada giro, deslizándose como un cohete por la galería. Aelita va tras él en la misma posición incómoda. Se pregunta si el túnel es tan largo como el dique: ¡ojalá que no!

—Por cierto, Jeremy... ¿qué hay al final?

Un poco desconcentrado por lo que ocurre no muy lejos de él, en la fábrica, Jeremy balbucea un «Bueno, ejem, yo...», pero sea cual sea su respuesta, Odd comprende que va a llegar demasiado tarde: ya ve la salida del túnel. Más allá, no hay pista: ¡el vacío! Va a toda velocidad, es imposible frenar.

—¡Jeremy! —grita al caer desde una altura de varios metros.

Aterriza pesadamente sobre una nueva plataforma helada.

—¡Aaaaaaaaaaah! —grita Aelita, cayendo a su vez.

Odd se pone en pie, con una mueca, y observa la altura vertiginosa de la cornisa por la que acaban de caer Aelita y él.

—¡Gracias, Jeremy, eh, gracias! —bromea.

—De todos modos, no está mal —responde tímidamente Jeremy—. La torre* no queda lejos.

De espaldas a Aelita, Odd escruta el cielo. Los monstruos* de X.A.N.A.* no abandonan la lucha tan fácilmente. Sobre todo tan cerca de su objetivo. Seguramente rodearán el túnel.

—¿Qué, Aelita? ¿Ves la maldita torre*? —le pregunta.

—Más bien veo dos...

Odd se gira de golpe y se queda petrificado.

—¡Jeremy, hay dos torres*!

En el laboratorio, Jeremy verifica febrilmente la información. Teclea para aumentar la interfaz del escáner* en la pantalla: el resultado no ha cambiado, el mismo icono señala una sola torre* activada en el Hielo.

—Qué raro... —dice—. Solamente tengo una en el holomapa*...

Aelita observa las dos torres* idénticas que se alzan frente a ella, rodeadas por un halo rojo.

—Entonces... ¡X.A.N.A.* nos ha tendido una trampa! —exclama la chica.

«Al crear una falsa torre* activada en el mundo virtual, X.A.N.A.* quiere confundir a Aelita. Y es posible que lo consiga», se angustia Jeremy.

—¡Habrá que elegir... y rápido! —anuncia Odd.

Aelita se pone en marcha al mismo tiempo que él. Incluso sin verlos, su instinto le ha advertido de que los avispones van de nuevo tras ellos.

—¿Crees que ha caído? —se preocupa Ulrich en voz baja.

—¿Y tú? —replica Yumi.

Con los ojos fijos en la puerta, aguardan el mínimo ruido sospechoso. A pesar de los últimos golpes violentos, la cómoda ha resistido. Por otra parte, el alienígena se ha callado. Es un mal augurio, cuando se trata de X.A.N.A*. De pronto, la voz aguda de Sissi se eleva, como una explosión de estrés.

—Para una vez que tenía la ocasión de demostrar mi talento, ese trasto de plástico tiene que volverse loco, y encima tomarla conmigo. Pero ¿por qué?, ¿ por qué? ¿Por qué a mí? Ni siquiera conozco a ese...

—Ulrich—la interrumpe pausadamente Yumi—. ¿Puedes hacerla callar dos segundos, por favor?

En el instante en que Ulrich pone un dedo sobre sus labios, se retoma el ataque. No por el lado, sino por encima. Un golpe resuena y hace temblar el techo, que se agrieta. Yumi vuelve a sacar su teléfono.

—Jeremy, ¿cómo lo lleváis, vosotros? —pregunta.

Pero Yumi no oye la respuesta de su amigo. El techo se hunde con gran estrépito y el golpe le hace soltar el móvil. El teléfono resbala al suelo.

El alienígena salta dentro de la habitación. Da un primer paso hacia los chicos, que lo observan petrificados. Luego un segundo paso, que hace añicos el teléfono...

9

¡DESACTIVADO!

—Yumi, ¿qué ocurre? —repite Jeremy al otro lado del hilo. Solamente le responde un chisporroteo.

—¡Odd! —grita.

—Sí, ya lo sé, me dirás que hay prisa. Pero te recuerdo que no estoy haciendo la siesta. Efectivamente, Odd hace piruetas para esquivar los tiros de un monstruo* de X.A.N.A.* especialmente encarnizado: con el rugido de un avión, el insecto pasa en vuelo rasante sobre él y lo ametralla.

Odd da una voltereta sobre el hielo para esquivar un láser y responde lanzando una flecha. Tiro fallido al avis-

pón: demasiado poco preciso, demasiado lento. Odd se preocupa. Está cansado. La desvirtualización* está cerca.

Mira hacia atrás: Aelita se concentra, inmóvil frente a las torres.*

En el tiempo de pensar que así al descubierto es un blanco perfecto, Odd ve a tres avispones que se lanzan sobre ella en fila india. ¡La bombardearán antes de escabullirse entre las dos torres*! Se lanza y hace un placaje a su amiga justo antes de que la alcance el triple tiro de láseres.

La ráfaga no ha dado en el blanco, pero por poco. Si le aciertan tres veces, pffff... Aelita se desvanecerá en el mar digital.*

Odd sumerge sus ojos en las pupilas azules que lo miran confiadas.

—Aelita, ¡tienes que elegir rápido! No me quedan muchos puntos de vida y no podré resistir mucho más...

—Mmmm... de acuerdo —responde Aelita, sorprendida por la seriedad inusual de su amigo.

Aelita se despeja y corre a situarse entre las dos torres*. Odd se gira para plantar cara a los avispones. Vuelan hacia él en barrena, ¡como aviones de combate! Odd abre fuego y sale corriendo hacia el otro lado de las torres*, así

Aelita tendrá un poco más de tiempo para reflexionar. Como preveía, los insectos muerden el anzuelo. Los láseres rebotan sobre el hielo. De repente, Odd se gira.

—¡Toma eso! —grita, sobreexcitado, lanzando una flecha. Blanco alcanzado, uno de los tres monstruos* explota. «A por el siguiente», se dice Odd, pero no encuentra nada en su brazo.

—¡Oh, no, estoy a cero! —refunfuña.

—¡Allá voy! —anuncia Aelita en el mismo instante.

Va hasta el pie de la torre* de la derecha. Al acercarse no aparece ninguna entrada. Tanto da. Con un movimiento increíblemente armonioso, cruza la pared de la torre* como si fuera una cortina de humo. Ahora se encuentra en la parte inferior de un tubo cuyas paredes están repletas de pantallas. Miles de datos digitales circulan por ellas. En el suelo, el Ojo de X.A.N.A.*. Se ilumina poco a poco bajo los pasos ligeros de la chica, que se detiene en el círculo central.

Entonces, como si un soplo delicado la aspirase, Aelita se eleva con gracia hacia lo alto de la torre*.

A Odd no le quedan municiones, pero está radiante. Cuando los avispones se acercan, toma impulso e intenta dos tiros cruzados. Rueda de espaldas en el suelo. La desvirtualización* dura lo mismo que un relámpago. Se dispersa en confetis.

En el laboratorio, Jeremy ve que su tarjeta de identidad digital* desaparece de la pantalla y que el punto verde se borra del holomapa*.

En cuanto Odd es eliminado de Lyoko... se despierta en la oficina, en un estado lamentable.

Sale del escáner* y se apresura a subir para reunirse con Jeremy.

Sissi, Ulrich y Yumi se aplastan contra la pared. El alienígena los domina desde su altura imponente. De pronto, sus tentáculos se alargan hacia Ulrich y Yumi, se enroscan alrededor de su cuello y los levanta del suelo. Sissi grita a coro con ellos.

Aelita se posa sobre la plataforma superior de la torre* y, como una bailarina, avanza hacia el punto central.

—¿Jeremy? Si por desgracia he elegido la torre* equivocada, no podré hacer nada —dice.

Jeremy contempla el rostro enmarcado en la pantalla.

—¡Confío en ti, Aelita! —responde dulcemente.

Pero la angustia le oprime la garganta.

Fuera, dos avispones acechan a la humanoide*. Si se ha equivocado, no podrá escapar jamás.

El alienígena gruñe y estrecha a sus presas. Yumi y Ulrich se llevan las manos al cuello. Les cuesta respirar. Sissi los observa postrada, en silencio.

Una pantalla digital flotante aparece ante Aelita. Apoya en ella la palma de su mano y su huella se marca por un instante. La pantalla la reconoce y escribe: AELITA. Luego aparece una pregunta: ¿CÓDIGO?

El alienígena aprieta cada vez más.

Yumi y Ulrich tosen. No podrán resistir mucho más tiempo.

—¡Oh, Ulrich! —implora Sissi.

Aelita teclea las cinco letras del código: LYOKO. Barre con la mirada las pantallas esparcidas a su alrededor sobre las paredes. La torre* debería desactivarse*...

Pero no cambia nada.

—¡Jeremy, lo siento, me he equivocado! —se disculpa.

En el laboratorio, Jeremy y Odd bajan la mirada, desesperados. Pero, de pronto:

—¡No! ¡Espera! —rectifica Aelita.

Los dos chicos levantan la cabeza.

Una gran sonrisa ilumina el rostro de su amiga. En el interior de la torre*, las pantallas caen como una lluvia alrededor de Aelita.

En la fábrica, el alienígena se queda inmóvil como por arte de magia. Como si lo hubieran puesto en «pausa».

Sobre el holomapa*, Odd y Jeremy ven cómo la imagen se disuelve en una blancura cegadora: el programa Lyoko se regenera. Gracias a Aelita, la torre* contaminada por X.A.N.A.* para transformar al alienígena de Finson en arma de destrucción está desinfectada.

Jeremy teclea, pulsa la tecla Enter y anuncia:

—¡Retorno al pasado!

Entonces, un fenómeno extraño y prodigioso se produce en el más secreto de los circuitos del superordenador*. Como una goma a la medida del tiempo y el espacio, un halo de una blancura sobrenatural inunda el laboratorio, la fábrica, el colegio y todo lo que hay a su alrededor...

10

EPÍLOGO

El sol entra a raudales en el comedor. Después de la proyección, la intensa claridad obliga a entrecerrar los ojos de los alumnos agrupados para la sesión de autógrafos.

Justo detrás de Sissi, Ulrich se acerca a Finson.

—¡Genial, la idea de rodar en la fábrica! ¡Un escenario genial!

—¡Gracias! Debo admitir que mis ideas son, modestamente, geniales —declara alegremente el cineasta.

Ulrich rechaza la fotografía con un gesto educado, y añade inocentemente:

—De todos modos, ya sabrá que se hizo un rodaje allí.

—¿Cómo? —pregunta Finson, frunciendo el ceño.

—¡Una peli de ciencia-ficción, con un alienígena! ¡Un truco genial!

Al cabo de unos segundos, ante la mirada de Odd, Jeremy y Yumi, que esperan a Ulrich, la puerta del comedor se abre bruscamente. Finson sale y baja los peldaños hablando por el móvil:

—He estado pensando en lo de la fábrica. No es una buena idea. Además, tampoco era idea mía... ¿Cómo de mala fe? Puedo encontrar otro productor...

Su voz se pierde poco a poco por el patio. Ulrich también sale, con el pulgar en alto en señal de victoria.

—¡Sí! —grita Odd, dando saltos.

—¿Qué? No, no me pongo nervioso... —continúa Finson, a lo lejos.

Las risas de los cuatro amigos estallan en cuanto se ponen en camino hacia la academia, para contárselo todo a Aelita.

Para ellos, la aventura ha acabado bien. Su secreto ha sido preservado, han desarmado el ataque de X.A.N.A.* y han convencido a Finson para que no ruede la película en la fábrica. Y gracias a X.A.N.A.* todo el mundo, excepto ellos por supuesto, ha olvidado lo sucedido... ¡Podrán continuar con su vida casi normal de estudiantes!

CÓDIGO LYOKO

GRAVEDAD CERO

1

EL AS DEL FÚTBOL

El viernes por la mañana, el equipo de fútbol de cuarto curso de la academia Kadic* se entrena en la pista de deporte, detrás del edificio de ciencias. Dirigidos por un Jim Morales más escandaloso que nunca, los once estudiantes se entrenan con la energía de los días de partido.

Es normal: la gran cita de la final del torneo de fútbol intercolegial es esta misma tarde. ¡Y en casa!

—¡Venga, chicos! Un poco de nervio —grita Jim, un gigantón que ejerce el doble papel de profesor de gimnasia y vigilante del internado, antes de pitar el tercer chut a puerta de Ulrich.

Concentrado a pesar de la tensión ambiental, el delantero del equipo ha enviado ya dos balones meteóricos al fondo de la portería, sorprendiendo al portero con hábiles fintas. Jim observa su rostro enmarcado por mechones rebeldes.

Ulrich es un fan del pencak silat*, una antigua arte marcial que refuerza su virtuosismo natural. Para el entrenador está muy claro: ¡tiene ante sí una verdadera promesa de delantero de élite!

En el sexto lanzamiento, la suerte sonríe por fin al guardameta: con una parada sobrehumana, detiene el balón y lo agarra con fuerza.

Ulrich, que juega limpio, lo aplaude, pero ataca de nuevo y vuelve a marcar.

Entonces distingue la cresta puntiaguda de Odd y el pelo rubio tan bien peinado de Jeremy en el banquillo cerca de las gradas. La sorpresa de la presencia de sus mejores amigos, internos como él, le da alas. Lanzamiento tras lanzamiento, todos se transforman en gol.

Progresivamente, el equipo ha ido formando un corro y todos vibran tras él. De pronto, retienen el aliento: en vez de dirigirse hacia la portería, el balón se eleva por encima de Ulrich.

Saltando a una altura increíble, Ulrich con una tijera en-

vía el balón al poste, donde rebota para estrellarse después contra el fondo de la red. La bicicleta* los ha dejado a todos petrificados... Después, explota un delirio de gritos, silbido y aplausos.

—¡Sí! ¡Eres el mejor, Ulrich! —gritan los jugadores a su alrededor.

Una frase se repite, cada vez más alto:

—¡Ganaremos, ganaremos!

Para Jim es suficiente. Con un silbido estridente, controla su propia excitación y pone fin al alboroto.

—¡Chicos, hemos terminado hasta las 2! —grita—. Estáis listos para la final. Id a comer, y hacedlo equilibradamente. Relajaos... ¡Y, sobre todo, no olvidéis —añade, subiendo la voz— que un equipo de fútbol es como un ejército, no vale para nada sin un capitán digno de ese nombre!

Ignorando las risas de su auditorio, Jim añade con voz potente antes de darse la vuelta.

—Rompan filas...

Un instante después, pregunta a su jugador preferido:

—¿Qué, Ulrich, estás en forma?

El chico, que estaba a punto de echarse a la sombra, se sobresalta pero no responde.

Jim se arrodilla a su lado.

—Muchacho, seré franco contigo —dice—. Eres mi mejor baza para esta tarde.

Ulrich se ruboriza, orgulloso. El calambre de su pantorrilla izquierda cede un poco.

—Los demás son muy buenos, sí —prosigue Jim en tono conspirador—, pero el equipo del Diderot ha puesto a Matt como delantero centro*...

—Es malo, lo sé —interrumpe Ulrich.

Al contrario que a Jim, el famoso delantero del Diderot no lo impresiona en absoluto. Todo lo contrario. Para él, el deseo de ganar es más fuerte que el miedo de perder. Se levanta y afirma sin pestañear:

—¡No se preocupe, señor! ¡Estaré a la altura!

Un brillo salvaje ilumina los ojos del gigantón, que se levanta de un salto y exclama:

—¡Cuento contigo, muchacho!

Los gritos del entrenador resuenan a la espalda de Ulrich, que se reúne con sus amigos:

—¡Los vamos a pulverizar!... ¡Los destrozaremos! ¡Los haremos picadillo!

A Odd y Jeremy, que están en los primeros asientos, les cuesta aguantarse la risa: Jim gesticula exageradamente.

—¡Campeón, nos vamos a aburrir si los del Diderot no tocan la pelota! —exclama Odd al ver acercarse a su compañero.

De un gesto, el extravagante de la pandilla, con un peinado en cresta, lanza a Ulrich la toalla que ha traído de la habitación que comparten en el internado. El chico se pasa la toalla fresca alrededor del cuello.

—¡Gracias por haber venido! —dice con un guiño dedicado a Jeremy.

Jeremy hace un gesto y sonríe. No hace falta decir nada más. Ulrich agradece su esfuerzo porque Jeremy detesta el deporte. Por amistad, ha renunciado a poner en marcha su ordenador, como todas las mañanas, y conectarse con Lyoko, el mundo virtual, para charlar con Aelita... ¡la chica más inmaterial y más encantadora que conoce!

—¡Hemos venido por la mañana y vendremos por la tarde! —prosigue Odd mirando a Ulrich.

Una pequeña nube pasa por la mirada seria del joven futbolista. Le hubiera gustado que Yumi, la única chica de la pandilla, viera también su bicicleta*...

Las palabras medio inocentes y medio intencionadas de Odd interrumpen su reflexión:

—Sobre todo teniendo en cuenta que Sissi desvelará su coreografía de animadora —puntualiza en pie delante del banco—. ¡No me lo voy a perder!

En ese mismo momento, en el parque de Kadic*, una voz chillona rompe el silencio:

—Y uno, dos, tres, cuatro... Ganarán nuestros muchachos —canturrea Sissi, haciendo girar un bastón de *majorette*.

Con su larga melena y sus pestañas maquilladas, Sissi dirige a las animadoras de Kadic*. Es conocida en todo el colegio gracias a su padre, el director, y a Herb y Nicolas, sus admiradores. Y a otras cosas, como su descaro o que no soporta pasar desapercibida ante Ulrich, que la ignora por completo.

¡No va a dejar escapar la ocasión de esta final para entrar en escena!

—Cinco, seis, siete, ¡Diderot apaga y vete! —continúa, contoneándose como si fuera Miss Mundo, y se imagina bailando su solo de animadora en lo alto de las gradas cada vez que su equipo marque un gol.

En la última sílaba, Sissi lanza su bastón hacia arriba, da una graciosa vuelta sobre sí misma y se detiene para recuperarlo. Una farola del paseo parpadea. Al cabo de unos segundos, viendo que el bastón no baja, la chica levanta la cabeza. ¿Qué pasa? En vez de bajar, el bastón sigue subiendo. Con los ojos como platos, Sissi lo ve convertirse en un punto que desaparece en el cielo.

Traga saliva. Es imposible.

No está soñando: ¡su bastón ha salido volando de verdad!

Diez minutos después de que Sissi se haya marchado, desesperada, una delgada silueta negra cruza el mismo parque. Yumi ha abandonado la mesa familiar para ir a animar a Ulrich antes de la final. Es pronto y hace buen tiempo, de modo que decide dar una vuelta por el parque de Kadic* antes de esperar a los demás en el patio del comedor. Va andando tranquilamente cuando un zumbido eléctrico le llama la atención. Las farolas del paseo parpadean como si fueran a encenderse. Un falso contacto, piensa. Pero de repente se sobresalta: ¡el pelo se le ha puesto de punta! Eleva maquinalmente sus bonitos ojos ligeramente rasgados en busca de una explicación cuando sucede algo sorprendente: ¡se levanta del suelo y se encuentra pedaleando por los aires!

Grita. Brevemente. Quizá gracias a sus orígenes japoneses, Yumi sabe mantener el espíritu zen. Cuando sus pies se reencuentran con el suelo, sonríe por haberse asustado. Pero al echar un vistazo a su alrededor, ve que las luces se han vuelto locas otra vez. Se marcha sin abrir la boca... Pero mientras cruza el parque se pregunta por el origen del fenómeno extraño. ¿X.A.N.A.*? Es posible...

2

¡DÉJALO!

—¡Os lo juro, mi bastón ha salido volando! —exclama Sissi.

Bajo las arcadas del patio, las dos chicas a las que acaba de contar su extraña aventura se parten de risa.

—¡Claro, ha subido al cielo! —ironiza la rubia.

—¿O ha caído con demasiada fuerza sobre tu cabeza? —pregunta su compañera.

Sissi tiene la impresión de que le han pegado dos bofetones. Abre la boca para responder, pero en vez de escucharla sus compañeras se dan la vuelta y se marchan. Sissi se desgañita:

—¡Os digo que lo he visto! ¡No estoy loca! ¿Por que siempre...?

—¡Eh, nosotros te creemos Sissi ! —exclaman dos voces graves.

Sissi se da la vuelta. Las cabezas de Herb, el muchacho enclenque con la cara repleta de granos, y del grandullón Nicolas, sus fieles perritos falderos, aparecen por detrás de una columna. Herb levanta el dedo y empieza a puntualizar con aire sabiondo:

—Aunque científicamente, es algo...

No termina. Con la rapidez de un rayo, Sissi levanta su pierna a la altura de la garganta del chico y con el pie presiona sobre su cuello. Herb tiene que estirarse al máximo para no caerse...

—¡Si yo digo que he sido testigo de un fenómeno extraño, es que ha ocurrido un fenómeno extraño! ¿Comprendido, cabeza de huevo? —grita Sissi fuera de sus casillas.

Oculto detrás de la columna, Nicolas observa la sonrisa suplicante de Herb y el color morado de sus mejillas.

—¡Un bastón de *majorette* no vuela! —se inflama Sissi, cada vez más nerviosa—. Si lo tiras y no cae, es porque ha ocurrido un serio problema, de eso no me cabe duda.

De pronto, la chica se pone roja como un tomate: aca-

ba de darse cuenta de la aglomeración a su alrededor. Cuando aparta el pie, Ulrich, Odd y Jeremy, de pie entre los demás alumnos, perciben el suspiro aliviado de Herb.

Camino del comedor, los tres amigos intercambian una mirada. Como le ha ocurrido a Yumi, una pregunta baila en sus cabezas: ¿X.A.N.A.* tiene algo que ver con el misterioso bastón volador?

Si es así, tendrán que esperar a llegar al cuartel general, es decir, a la habitación de Jeremy, para aclararlo. Aparte de la pandilla, nadie más conoce la existencia de Lyoko ni del superordenador*, infectado por X.A.N.A.*. ¡Y debe seguir siendo un secreto!

El trío se instala en la mesa. Sissi entra con su bandeja de comida. Una voz burlona exclama:

—¡Mirad, la señorita Paranormal! ¡Vigila tus patatas, no sea que salgan volando!

El ruido de cubiertos se detiene y la hija del director se abre camino entre las mesas. Hasta Milly y Tamiya, las inseparables cotorras de sexto, se callan. La tensión se puede palpar. Sissi se sienta sola en el fondo. El comedor vuelve a la vida. Los chicos se están comiendo el queso cuando la puerta se abre de repente. Yumi corre hacia ellos.

—¡Tenemos que hablar urgentemente! —exclaman Jeremy y Yumi al unísono.

Al contrario que la habitación de Ulrich y Odd, la de Jeremy está muy ordenada.

Nada llama la atención, excepto el material informático de última generación sobre la mesa. El único elemento extravagante es un poster de Einstein en la cabecera de la cama.

Nada más entrar, Jeremy pone en marcha su ordenador. De camino al internado, Yumi les ha contado lo de su vuelo en el parque. Esto huele claramente a X.A.N.A.*.

Jeremy pulsa dos veces sobre el icono del Ojo de X.A.N.A.*, a la derecha de su pantalla. Con un ligero ronroneo, se abre el programa Lyoko.

—Aelita, ¿me recibes? —la llama Jeremy.

Suena un bip y un rostro simpático se enmarca en una ventana digital, junto a la tarjeta de identidad digital* de Aelita.

—¡Jeremy! ¡He detectado una torre* activada en el territorio de la Montaña! —exclama su voz cantarina.

Los cuatro amigos se miran, preocupados. Las torres* repartidas por los territorios de Lyoko, Montaña, Bosque, Hielo y Desierto, se activan cuando X.A.N.A.* utiliza una de estas bases de datos conectadas a la red mundial para atacar la Tierra.

—¿Ocurre algo anormal en vuestro mundo? —pregunta Aelita.

—¡Buf, lo de siempre! —responde Odd—. Bastones de *majorette* que se lanzan y no vuelven a caer, Yumi que vuela...

—Eso ha sido muy raro —corta Yumi—. Las farolas parpadeaban y de repente me he encontrado flotando en el aire...

—¡Ruptura del campo gravitacional! —declara Jeremy—. Resultado: un estado de ingravidez* local.

Odd frunce el ceño. La física y él no hablan el mismo idioma. Reflexiona: la gravedad* es lo que hizo caer la manzana en la cabeza de Newton, de modo que sin gravedad... ¡la manzana vuela, y Yumi, también!

—¿Encuentras alguna relación entre la electricidad y la ingravidez*? —pregunta Ulrich con un tono que no deja adivinar su angustia. Empieza a presentir que su destino está en peligro...

—¡Los campos magnéticos! —responde Jeremy—. Quizá es el efecto de un electroimán* extremadamente potente que X.A.N.A.* utiliza para anular localmente la atracción terrestre.

Odd abre unos ojos como platos.

—Un e-lec-tro-i-mán —pronuncia lentamente Jeremy al verlo— es un imán creado por una corriente eléctrica.

—¿Y... es peligroso? —se asegura Yumi, siempre pragmática.

—No, si es limitado en el tiempo y el espacio. Pero a mayor escala, sí. ¡El bastón de Sissi ha ido a parar a años luz de aquí!

Un silencio tenso se apodera de la habitación. El que precede a las decisiones importantes. Se imaginan el bastón flotando en el espacio entre los planetas. Y una pregunta les obsesiona: ¿qué está tramando X.A.N.A.*?

—No podemos correr ningún riesgo —dice Yumi, resuelta—. Hay que ir a Lyoko y desactivar* la torre*.

Sabia decisión. Pero Ulrich pronuncia una frase que produce el efecto de una bomba:

—Tendrá que ser sin mí —dice.

Todos, Aelita incluida, dan un respingo.

Jeremy es el primero en reaccionar:

—¡Bromeas!

Sin la menor sombra de una sonrisa, Ulrich responde:

—No, lo digo en serio. Me uniré a vosotros en cuanto termine el partido.

¡El partido! Lo habían olvidado todos... menos él.

Para Jeremy, una deserción así solamente puede justificarse por un motivo válido, por lo menos para él. Se irrita:

—¿Nos dejas tirados por un partido de fútbol? ¡No me lo puedo creer!

Silencio. Jeremy salta. Pierde los nervios:

—¡Eh! ¡Despierta, Ulrich! —grita, sacudiendo a su compañero por los hombros—. Hablamos de proteger al mundo y a Aelita y tú prefieres correr detrás de una pelota.

Le toca el turno a Ulrich. Conteniendo su cólera, se levanta y lanza una mirada dura:

—No puedo —recalca fríamente—. Punto final.

Se dirige hacia la puerta, dejando a la pandilla estupefacta. Jeremy se gira hacia Odd y Yumi, indignado:

—¡Decid algo! ¡Nos deja tirados!

Pero sus dos amigos se miran las rodillas. Aelita escucha, pensativa.

Al llegar al umbral, Ulrich se gira:

—Lo siento... —murmura.

—¡Lo sientes! —repite Jeremy, ofendido—. ¡Claro!

La puerta se cierra. La tormenta persigue a Ulrich por el pasillo.

—Es la gloria, claro. ¡Prefieres chulearte que ayudar a tus amigos!

Jeremy está congestionado. Está a punto de gritar algo más cuando interviene Odd:

—¡Déjalo! Tiene sus motivos. Sus padres van a asistir a la final.

El rostro de Yumi refleja preocupación...

—Para su padre, si no eres el primero en todo eres un inútil —continúa Odd—. Vistas las notas de Ulrich, el único modo de complacer a papá...

—...es el partido de fútbol —termina Jeremy.

—¡Por fin lo has entendido! ¡La final es casi como el partido de su vida!

Yumi y Aelita asienten. Ellas lo comprenden, aunque la muchacha virtual cree que a veces los humanos son muy complicados.

3

SAQUE DE CENTRO

Como un sonámbulo, Ulrich cruza el parque, pasa junto al edificio de ciencias para llegar al estadio y abre la puerta del vestuario. El olor a sudor flota en la estancia desierta. Se pone el chándal sin pensar y se deja caer en un banco.

No solamente está deprimido, sino que está enfadado con el mundo entero. ¡Qué dilema! Se arrepiente de no haber dado explicaciones. Jeremy se ha sentido traicionado, es lógico...

—¿No nos lo podría haber dicho, simplemente? —pregunta Jeremy a Odd y a Yumi en el mismo instante.

Los tres amigos pisan uno de los parterres de césped

del parque del colegio. Han salido del internado diez minutos después de Ulrich.

—¿Confiar algo, Ulrich? —ironiza Yumi encogiéndose de hombros.

Odd ahoga una risa. Tiene razón. ¡Ulrich prefiere cultivar su misterio!

—No pasa nada —bromea—. ¡Ulrich ganará su partido y mientras tanto nosotros salvaremos el mundo!

Las sonrisas iluminan los rostros de sus amigos. ¡Odd es un optimista incorregible! Yumi cree que quizá tenga razón: con dos personas debería bastar para llevar a Aelita a buen puerto. Jeremy, por su parte, reflexiona una vez más en su gran proyecto: la materialización* de Aelita. El día en que encuentre la clave Ulrich podrá jugar a fútbol cuando quiera: ¡convertida en humana, ya no correrá el peligro de ser destruida con X.A.N.A.*!

—¡No es más que una cuestión de organización! —concluye Odd y se pone en cuclillas junto a una boca de alcantarilla.

Tras asegurarse de que nadie los observa, levanta el disco de metal y lo deja a un lado.

El túnel exhala un fuerte olor a humedad. Sin perder un instante, Yumi se desliza a lo largo de la escalera de pared, seguida por Odd y por Jeremy.

—¡Vamos, chicos, ha llegado el gran momento! —vocifera Jim.

Ulrich abre los ojos. Ni se ha movido. El vestuario se ha llenado. Ulrich emerge de su sopor cuando una extraña sensación lo obliga a levantar la vista. Matt, el delantero del Diderot, está de pie ante él.

«Vaya, vaya, éste es mi terrible adversario», piensa Ulrich, sonriendo para sus adentros.

El pelirrojo lo mira fijamente. Ulrich no pestañea. La tristeza acaba de ceder su lugar a un sentimiento que podrá expresar sobre el terreno de juego: ¡unas ganas terribles de chutar el balón, de jugar y de ganar el partido!

Yumi, Odd y Jeremy, tras el descenso a lo largo del túnel, aterrizan en un sótano de unos 2,50 metros de largo y otros tantos de alto. Hay cuatro «vehículos» apoyados en la pared.

Yumi y Odd toman un *skate* cada uno, y Jeremy un patinete, y salen disparados en fila india.

Mientras el trío se aleja de la academia Kadic*, un público entusiasmado acaba de instalarse en las gradas del estadio, están hasta los topes. Los espectadores corean: «¡Ulrich! ¡Kadic*! ¡Ulrich! ¡Kadic*!».

—¡Buenas tardes a todos! Os hablan Milly y Tamiya, en exclusiva para el periódico del colegio —anuncia ante el micrófono la voz clara de Milly.

La pelirroja de los hoyuelos en las mejillas y su amiga de piel oscura, la tímida Tamiya, se han instalado al pie de las tribunas para filmar y comentar el partido.

Como era de esperar, Sissi ocupa la última fila con Herb y Nicolas. Aparte de algunas parejas de padres, sus vecinos de gradas son niños y adolescentes.

—¡Ah! —exclaman de repente los espectadores a una sola voz.

Dos filas de jugadores emergen de los vestuarios, la azul de Kadic*, la roja de Diderot, y avanzan en paralelo hacia el centro del terreno de juego. Jim, con el pecho inflado, los acompaña.

—¡Por fin ha llegado la final del torneo de cuarto curso! —exclama Milly, con la seguridad de una profesional—. Si bien el equipo de Kadic* está en su mejor momento de forma, la responsabilidad del partido descansa casi por completo sobre los hombros de nuestro delantero centro*, Ulrich. ¡Esperamos que esté a la altura!

El público aplaude. En las gradas, un hombre y una mujer se miran sonrientes.

—¡Señoras y señores, que empiece el partido! —concluye alegremente Milly.

Yumi, Odd y Jeremy abandonan sus vehículos al final del sótano, cruzan otra escalera metálica y aparecen en el centro de un puente. La fábrica abandonada queda justo enfrente. Parece un viejo carguero encallado en medio del río, unido a la ciudad por un puente, como un amarre que le impide ir a la deriva.

El trío baja hasta el edificio y se adentra en una galería circular que domina una sala amplia y luminosa como la nave de una catedral. Hay cuerdas colgando del techo. Los chicos se agarran a ellas y llegan a la nave, unos cuatro metros más abajo, con la ayuda de estas lianas improvisadas. Algunos pasos más allá, entran en un ascensor que se cierra tras ellos con un ruido de chatarra. El aparato empieza el descenso hacia las plantas inferiores.

Apenas han pasado diez minutos desde que salieron del colegio.

—Hasta pronto —dice Jeremy cuando el ascensor se detiene en el primer nivel, debajo de la nave.

Va directamente a la sala de control del superordenador*, el «laboratorio». Para él, es un paraíso informático, que aloja una auténtica maravilla tecnológica: el holograma* animado de Lyoko.

En el interior de un gran globo luminiscente gira una especie de astro brillante rodeado por dos anillos simétricos; albergan cuatro islas-paisajes: los territorios del Hielo, el Bosque, el Desierto y la Montaña del mundo virtual.

Jeremy se sienta y se pone el casco-micrófono.

Contempla los relieves de tonos gris violáceo del territorio de la Montaña, por donde deberá guiar el viaje virtual de sus amigos. El informático que hay en él está impaciente por retomar la lucha contra su gran enemigo, X.A.N.A.*.

Objetivo n.°1: husmear en las tripas del superordenador* para saber qué está tramando el virus.

El silbato de Jim destroza los tímpanos de los jugadores situados a ambos lados del círculo central. Es el saque de centro del partido. La educación obliga, un jugador del equipo invitado hace el primer pase. El balón vuela por encima de la mitad del campo limitada por la portería de Kadic*. Un pase. Dos pases... Diderot se acerca peligrosamente al área cuando un bólido azul arrebata bruscamente el balón de los pies del jugador destinatario del tercer pase: Ulrich. Su acción despierta el entusiasmo del público.

El atacante de Kadic* se marcha con el balón en dirección a la portería contraria. ¿Alguien lo detendrá?

4

2-0

—Aelita, ¿me oyes? —llama Jeremy desde su casco-micrófono.

En su realidad, sentada con las piernas cruzadas sobre unas rocas, la guardiana virtual de Lyoko se aplica para captar la Montaña con todos sus sentidos cuando oye la voz de Jeremy.

—Estoy aquí —dice, dirigiéndose a su amigo terrenal.

Su rostro sonriente aparece en una ventana digital en las pantallas de Jeremy.

A su lado, en el holomapa* —el mapa virtual en 3D

que permite a Jeremy seguir todo lo que ocurre simultáneamente en Lyoko—, la posición de la humanoide* aparece señalada con un punto amarillo que parpadea.

—¡X.A.N.A.* ataca! —le anuncia Jeremy—. Quiere tomar el control de las redes eléctricas de la ciudad.

—¡Qué! —exclama Aelita, sorprendida por no haber notado las pulsaciones características del virus sobre el mundo virtual—. ¿Para qué?

—Ni idea. ¡Pero lo descubriré!

Mientras habla, Jeremy teclea con destreza. Sobre las pantallas aparecen distintos planos que muestran los cables y las principales centrales eléctricas de la zona urbana, un zoom del barrio del colegio y un mapa del mundo. Clica sobre Francia, integra las coordenadas en el cuadro de diálogo, envía la búsqueda y se hunde en el sillón.

¡Ahora solamente tiene que esperar que su programa espía desvele el avance de X.A.N.A.* por la red eléctrica!

—¡Los flujos de datos tan densos tienen que dejar rastro por fuerza! —puntualiza en voz alta, apasionado.

En la pantalla, Aelita asiente. Adivina adónde quiere ir a parar su amigo.

—¡Sí! —exclama Jeremy al ver que una parte de la red se destaca en color verde—. Es la viva imagen de X.A.N.A.*: pesado y previsible.

Ulrich remonta a toda velocidad el campo contrario. Lleva el balón pegado a los pies gracias a pequeños toques controlados. De repente, un defensor contrario se lanza con la pierna extendida en dirección a la pelota. ¡Se la va a llevar! ¡No! Ulrich se desvía justo a tiempo y sigue corriendo.

En las gradas, los seguidores de Kadic* expresan ruidosamente su alivio.

—¡Increíble, el regate del último minuto! —exclama Milly, sonriendo frente al objetivo—. Ulrich supera todas nuestras expectativas.

Rápidamente, Tamiya apunta nuevamente la cámara hacia el atacante. Ulrich se acerca a la portería contraria, marcado de cerca por Matt. ¿Correr más rápido? Difícil, estima el futbolista. Un brazo se levanta a su derecha. El extremo. Hop, la pelota sigue por la banda mientras Ulrich corre hacia el centro. Matt persigue al extremo. Arremete contra él. Pero el extremo centra para Ulrich, que recupera la pelota y marca el primer gol de su equipo.

En las tribunas, una gran parte del público grita de alegría.

Jim silba la apertura del marcador.

—¡El equipo de Kadic* toma ventaja después de tan sólo tres minutos de juego! —grita Milly, entusiasmada—. ¡Parece que nuestro Ulrich haya comido león!

Tamiya aparta la cámara para observar al delantero centro* con adoración.

«X.A.N.A.* es pesado pero es rápido», piensa Jeremy.

—¿Odd, Yumi, estáis listos para la transferencia*? —pregunta por el altavoz—. Hay que darse prisa. En pocos minutos X.A.N.A.* podrá crear campos magnéticos muy potentes.

—¡No hay problema! —responde Odd por su auricular.

Tras dejar al as de las pantallas en el laboratorio, Yumi y Odd han bajado una planta más, a una gran sala con tres gruesas columnas: escáneres*. Están rodeados por cables que se entremezclan como las ramas de un árbol y cruzan el techo hacia el laboratorio. Los cables hunden sus raíces en la planta inferior, donde se encuentra la sala del superordenador*.

Odd y Yumi se acercan cada uno a una columna. Se abren y se cierran tras ellos.

—¡Transferencia*! —ordena Jeremy en su teclado.

En la pantalla principal, las tarjetas de identidad digital* de Yumi y Odd aparecen junto al holomapa*.

—¡Escaneando* a Yumi!

Una multitud de captadores laser irradia a Yumi. Durante ese tiempo, Jeremy ve cómo el doble digital de su amiga se dibuja en 3D en la ventana de escaneado*. La silueta se colorea. La Yumi virtual aparece, graciosa y deportiva con su traje de princesa japonesa: un quimono de colores y las mejillas pálidas...

—¡Escaneando* a Odd! —ordena Jeremy.

El proceso se repite y el Odd virtual se colorea. A pesar de la cola y las manos con cuatro dedos, se parece mucho al Odd real... ¡y más felino!

—¡Virtualización! —dice Jeremy y pulsa la tecla Enter.

El escáner* se vuelve incandescente. Con un estruen-

do ensordecedor, Odd y Yumi cobra vida virtualmente bajo el cielo brumoso del territorio de la Montaña de Lyoko. Se colorean y caen al suelo bruscamente...

Yumi y Odd aterrizan suavemente sobre las piedras violáceas.

—La torre* activada se encuentra 30 grados al oeste —les informa Jeremy—. ¡Daos prisa! Aelita os espera.

Se marchan corriendo. Ante ellos, un extraño desfiladero de plataformas y de caminos rocosos, de montañas redondeadas y de cumbres superpuestas o unidas por estrechas pasarelas como enormes estalagmitas y estalactitas. Yumi y Odd corren sin preocuparse del mar digital* que los rodea en todo momento.

A pesar de algunos raros árboles de hojas verde intenso, el paisaje es árido. Un contraste que Odd, criado en una familia de artistas, aprecia.

—¡Ya llegan! —susurra Aelita a Jeremy—. Te dejo.

Su rostro se desvanece de la pantalla.

En la academia Kadic*, el desgraciado portero del Diderot acaba de encajar un segundo gol, por supuesto marcado por Ulrich. Con un suspiro de placer, Ulrich se permite dar un vistazo a sus padres, sentados en medio de las gradas donde un montón de bocas corean su nombre.

—¡Ya vamos 2-0 y pronto serán 3 si Ulrich continúa en racha! —exclama Milly cuando se retoma el juego.

A pesar del micro, la voz de la aprendiza de reportero es ahogada por el barullo que sale de las tribunas. El segundo gol del atacante del Kadic* ha animado al público. Se preguntan cómo podrá recuperar la ventaja el equipo del Diderot.

—¡Es tan mono cuando corre! —exclama Tamiya en un arrebato.

Sobre el terreno, su cámara capta una imagen que ya es clásica: Matt se pega a Ulrich, que corre hacia la portería del Diderot con el balón en el pie.

—¡Sí! —gruñe Milly—. Gracias, Tamiya, por este sabio comentario sobre la final.

En ese instante, Matt hace una entrada a Ulrich y le roba el balón.

5

¡EINSTEIN, ILUMÍNANOS!

Aelita, Yumi y Odd corren hacia la torre* entre arcos de piedra y llanuras abombadas. El punto amarillo y los dos puntos verdes avanzan a buen ritmo sobre el holomapa* de Jeremy, pero él no les presta atención: está siguiendo la progresión de las líneas verdes. Y el aspecto de los flujos eléctricos controlados por X.A.N.A.* le preocupa.

—¡Oh, no! ¡Ya está en Kadic*! —exclama.

En efecto, un halo azul parpadea en la zona del colegio, indicando una fuerte carga eléctrica. De repente, una idea cruza el espíritu de Jeremy. Grita:

—¡Ya está, lo he comprendido!

—¡Einstein, ilumínanos! —responde Odd desde Lyoko.

Aelita y Yumi le prestan atención también.

—A ver, si los incidentes de esta mañana no nos hubieran alertado, ¡estaríamos todos en el partido! —explica Jeremy—. X.A.N.A.* nos quería tender una trampa allí.

Con un zoom amplía la zona del colegio en la pantalla.

—¿Lo adivináis? ¡Hace converger todas las energías sobre el edificio de ciencias! O nos ponemos las pilas o Ulrich puede acabar el partido fuera de la estratosfera...

—No hay monstruos* por ahora, pero todavía estamos muy lejos de la torre* —responde Yumi, paseando su mirada por el paisaje rocoso del territorio de la Montaña.

Jeremy se apoya en el respaldo de su asiento de pilotaje del laboratorio y suspira.

Yumi tiene razón. X.A.N.A.* no tardará en enviar a sus esbirros para impedir que los chicos se acerquen a la torre*. ¡Es terrible...! Tiene que ganar tiempo.

—¡Oh, no! —suplica Jim tapándose los ojos—. ¡Detenedlo!

Sobre el terreno de juego, Matt se dirige hacia la portería de Kadic*. A la entrada del área, dos defensores le plantan cara. Pero Matt dribla de maravilla y se escabulle.

La portería le ofrece su red... Pero una vez más, Ulrich surge como una flecha y le roba el balón de los pies.

Cuando Matt cae por los suelos, un clamor sale de las gradas. Se empieza una ola.

—¡Extraordinario! —se desgañita Milly—. ¡Atacante y defensor, Ulrich está en todas partes!

Jim está entusiasmado. Cuando el delantero centro* vuelve a pasar ante él en dirección hacia la portería contraria, grita:

—¡Vamos, Ulrich! ¡Vamos!

Jeremy se incorpora bruscamente. Ha tomado una decisión: se pone en el papel de *hacker*.

—¡De acuerdo, X.A.N.A.*! —lanza en tono desafiante—. Yo también sé piratear una red.

Teclea distintas órdenes y la ventana repleta de texto blanco sobre fondo negro se abre en la ventana principal. Gracias al programa, se introducirá sin ser visto en el sitio de Internet que controla las redes eléctricas. Es ilegal. Tanto da. No ve otro modo de contrarrestar el ataque de X.A.N.A.* al edificio de ciencias.

Pero antes, necesita irreparablemente a Ulrich.

—¡Fin de la primera parte con un marcador incontestable de dos a cero para Kadic*! —anuncia Milly en el micro cuando los jugadores de ambos equipos abandonan el terreno de juego—. Vamos a intentar recoger los comentarios sobre esta gran actuación.

Con el ojo pegado a la cámara, Tamiya no pierde de vista a Ulrich. Lo filma cuando Milly lo intercepta a la salida del campo y regula el objetivo a cinco centímetros de su cara mientras su amiga le hace una entrevista.

—Ulrich, ¿podemos calificar esta final histórica de castigo para el colegio Diderot? —le pregunta—. ¿Nos podrías firmar un autógrafo? —añade enseguida, pestañeando.

Ulrich está sudoroso y tiene sed, pero aprecia a Milly y a Tamiya. Empieza a hablar:

—Bueno, Diderot está en la final. Eso demuestra que saben jugar. Si bien, como diría Jim, la motivación es lo que lleva a la victoria, y hoy creo que...

Se interrumpe para mirar un instante a sus padres. A su alrededor, los seguidores de Kadic* se excitan.

—...que estamos dispuestos a ganar —continúa—. Y ahora, si me disculpáis, me gustaría tomarme un respiro.

La toalla le aguarda en su lugar habitual, junto a su teléfono móvil. Que está sonando...

La torre* activada está muy cerca, Aelita lo siente. Efectivamente, al final de una cornisa, una columna blanca rodeada de un halo rojo emerge entre el laberinto rocoso del territorio de la Montaña. Parece una fortaleza flanqueada por un puente levadizo, con un arco de piedra suspendido en el mar digital*.

Odd, Yumi y Aelita llegan a la plataforma que da acceso al puente y se agachan a cubierto tras una roca enorme, una especie de menhir, erguido entre otras piedras. Dos árboles se alzan como centinelas a la entrada del puente. Solamente queda un obstáculo entre Aelita y la torre* activada: los tres monstruos* alados de X.A.N.A.* que el trío oye zumbar en lo alto de la torre*.

«Contesta, Ulrich», suplica mentalmente Jeremy. De repente, la interfaz vinculada al móvil de su amigo se ilumina en la pantalla. Una voz seca pregunta:

—¿Qué quieres?

—¡Ulrich! ¡Hace un cuarto de hora que intento hablar contigo! —se enerva Jeremy, a pesar de que se había prometido que mantendría la calma.

—Lo siento, no juego con el móvil en la mano —se defiende Ulrich en el mismo tono.

Echa un vistazo tras él. Jim discute la estrategia con tres de sus compañeros de equipo.

—Oye, Ulrich... ya sé que... vaya Odd me ha dicho... —balbucea Jeremy—. Bueno, sé que este partido es importante para ti, pero tengo un problema. No tengo tiempo de entrar en detalles pero X.A.N.A.* quiere poner el colegio en órbita.

Al otro lado del teléfono, silencio. Luego, con un suspiro:

—¿Me lo repites?

—¡Te lo juro! Todavía le falta potencia pero la buscará en el generador del edificio de ciencias. Necesito que te asegures de que no queda nadie allí —le suelta Jeremy.

6 LA DESGRACIA

—¡Ulrich, volvemos al campo! —lo llama Jim.

El joven futbolista responde con un «¡Ya voy!» sonoro sobre su hombro antes de susurrar por el móvil:

—No te preocupes. Están todos en el partido.

Se pone el kit de manos libres y oculta el móvil en el bolsillo del pantalón. Luego, vuelve a su posición de delantero centro* en el campo. Pero al observar las gradas se da cuenta de que falta su profesora de ciencias.

—Oh, no, la señorita Hertz ya no está aquí —murmura.

—¡Qué mala pata!… —suspira Jeremy al oírlo—. Seguramente está en el laboratorio de química. Tienes que ir a comprobarlo, Ulrich, ¿me oyes?

Ulrich lo oye, pero Jim acaba de pitar el saque de centro de la segunda parte. Jeremy parece no darse cuenta de que están en pleno partido...

Un jugador de Kadic* le hace un pase, él intercepta el balón maquinalmente mientras se maldice por no haber dejado el móvil en el banquillo.

—Ulrich, por favor, Ulrich... —suplica Jeremy en el auricular.

En la cabeza de Ulrich, la voz de su amigo se confunde con la de un compañero de equipo que le llama:

—¡Ulrich! ¡Ulrich!

—¡NO ME PIDAS ESO, JEREMY! ¡NO ME PIDAS ESO!

Solamente cuando Matt se lanza a sus pies en una entrada violenta Ulrich se da cuenta de que estaba gritando. Un segundo más tarde, el atacante del Diderot se marcha con el balón. Ulrich se queda petrificado.

Como si hubiera adivinado lo que acaba de ocurrir, Jeremy le dice suavemente:

—Lo siento, Ulrich. Tienes que irte del campo. ¡Solamente tú puedes hacerlo!

De repente, Ulrich deja de interesarse en el partido, que continúa sin él. Los espectadores estupefactos observan su silueta inmóvil en el centro del campo. Nadie comprende lo que ocurre. Los padres de Ulrich, el señor y la señora Stern, tienen una expresión preocupada. Tamiya solamente filma a Ulrich, convencida de que saltará, reaccionará. Pero no.

Milly se coloca ante la cámara.

—No hay nada que comprender —comenta con la voz quebrada—. Parece que Ulrich habla solo y que ha decidido dejar de jugar...

—La presión, sin duda —sugiere Tamiya.

No sabe cuánta razón tiene: ¡en el auricular de Ulrich, Jeremy insiste enérgicamente en su causa!

—¡La vida de nuestra profesora está en juego, Ulrich! —repite.

Ulrich ve la imagen fugitiva de la señorita Hertz: sus ojos chispeantes, su barbilla de ratón, sus gafas redondas, su pelo gris y su blusa blanca...

Levanta la cabeza, escruta el campo. ¿Cómo va el partido? Diderot monopoliza el balón y la defensa azul está en apuros.

Tendría que echarles una mano. Pero en el tiempo de pensarlo, Matt marca de cabeza tras el pase decisivo de un central.

—¡No! ¡No puede ser! —grita la voz de Milly entre las protestas del público—. ¡Nuestro equipo acaba de encajar un gol! Hasta a Matt le cuesta creer que Ulrich le haya dejado marcarlo.

—¡Ulrich! —se desgañita Jeremy en la oreja de su compañero.

—¡Cállate, te lo suplico, cállate! —murmura Ulrich.

Cuelga el teléfono, inspira largamente y corre a buscar el balón. Matt se dispone a llevarlo hacia la portería de Kadic*. ¡Ni hablar de que vuelva a marcar! Ulrich acelera bruscamente, alcanza a su contrincante y murmura entre dientes:

—¡Te voy a pillar!

—¡Lo que pillarás es esto! —replica con una mirada malvada.

Los dos delanteros corren hombro a hombro. El público aguanta la respiración.

De repente, Ulrich se inclina ligeramente hacia su adversario.

Nadie ve exactamente lo que pasa, pero cae al suelo y se retuerce de dolor, agarrándose una rodilla con las manos.

Tamiya está tan consternada que deja de filmar.

—¡Oh, no, no puede ser! —exclama Milly ante el micrófono—. ¡La desgracia se cierne sobre nuestro equipo! Ulrich ha caído, víctima de una entrada de Matt.

—¡Anda ya, si ni lo he tocado! —protesta Matt al oírla.

—¡Tiene razón! —confirma Sissi desde lo alto de las gradas.

Los jugadores de ambos campos se miran perplejos. Ha sido todo muy rápido, no han visto nada. Ulrich se levanta con un rictus de dolor y se marcha cojeando hacia el vestuario.

Jim corre tras él.

—¡No, Ulrich, no es posible! ¡No puedes hacerme esto! —implora el entrenador.

Ulrich sabe la pena que le causa. Pero murmura:

—Déjeme, señor...

Y sigue su camino. Docenas de pares de ojos lo ven desaparecer, incrédulos.

—¡Menudo desastre, Tamiya! —se lamenta Milly ante el

micro—. Nuestra estrella abandona el terreno, con la rodilla lesionada.

Tamiya baja la cámara para mirar a su amiga. Responde muy seriamente:

—En efecto, Milly, ¡una pérdida irreemplazable!

Jeremy suspira. La interfaz del teléfono móvil de Ulrich ha desaparecido de la pantalla cuando ha colgado. ¿Lo vuelve a llamar? Piensa en la señorita Hertz. Qué angustia...

Sissi duda y quiere estar segura. La extraña actitud de Ulrich en la segunda parte, luego la entrada sospechosa... está intrigada. Además, otro interrogante baila en su cabeza desde el principio del partido: ¿por qué Jeremy, Odd y Yumi, los mejores amigos de Ulrich, no han ido a la final?

Se agacha y hace una señal a Herb y a Nicolas para que se acerquen.

—Yo también me voy —dice en voz baja—. Vigilad todo lo que pase en mi ausencia, ¿entendido?

Herb asiente en silencio. ¡No quiere jugarse el cuello!

—¿Y... y la coreografía? —balbucea Nicolas.

Sissi le lanza una mirada de desprecio: ¿acaso es idiota?

—Sin Ulrich, no servirá de mucho —replica—. Y si marcan tú puedes sustituirme... ¡Bailas tan bien que no se darán cuenta!

7

MENHIRES CONTRA AVISPONES

—¿Jeremy? ¡Objetivo a la vista! —anuncia Odd, en cuclillas delante de Yumi y Aelita. El comité de bienvenida es pobre. ¡Deberíamos poder resolver el problema rápidamente!

Yumi no está tan segura de ello. Las diez alas y el gran cuerpo de color verde botella de los avispones no transmiten simpatía. Estos insectos son auténticos aviones de caza ultrarrápidos armados con láseres que pueden desvirtualizarlos* antes de que hayan escoltado a Aelita hasta el pie de la torre*.

El optimismo de Odd no se contagia a Yumi, pero por

lo menos tiene una ventaja: distrae a Jeremy de su fracaso con Ulrich.

—¡De acuerdo! —responde el pequeño genio de la informática—. Por mi parte, creo que puedo neutralizar a X.A.N.A.* durante algunos minutos. Pero no más. ¡Solucionadlo rápido!

—¡Hay que espabilarse! —exclama Odd a Yumi para que elija su táctica.

—¡Ataque en tenaza en diez segundos! —decide ella.

Se lanza en dirección al puente. Odd la sigue de cerca. Inmediatamente, los tres monstruos* alados abandonan la torre* y caen sobre ellos en formación triangular.

Sus dardos rojizos lanzan sobre los corredores una avalancha de láseres. Pero ellos zigzaguean tan rápido que no dan en el blanco.

Fulgurantes, los avispones dan inmediatamente media vuelta para atacar de nuevo. Yumi y Odd los esperan.

Esta vez, responden con sus armas en un giro perfectamente sincronizado: los dos avispones lo van a pasar mal... Yumi saca de su quimono un abanico metálico que se despliega y cruza el aire con un silbido estridente mientras que Odd blande el puño y lanza su grito de guerra:

—¡Flecha láser!

En un instante, su guante lanza tres flechas. Tocados

en la cabeza, justo debajo de la marca en forma de Ojo de X.A.N.A.*, los monstruos* virtuales explotan. ¡Un verdadero espectáculo de luz y sonido!

El abanico bumerán vuelve a plegarse en la mano extendida de Yumi cuando Aelita, escondida detrás de las rocas, grita:

—¡Cuidado!

Demasiado tarde. Un violento impacto lanza a sus amigos por los suelos. Regreso brutal a la casilla de salida: la entrada del puente. El atacante sorpresa es el avispón que ha escapado, que ha tomado impulso para lanzarse como un ariete contra la espalda de sus adversarios. Aturdidos, Odd y Yumi se apoyan en los codos:

—¡Muy listo, mosquito! —dice Odd—. Van ganando neuronas...

Yumi se echa a reír y Aelita se reprime de hacer lo mismo. Menudo payaso, este Odd. Su humor es una de las cosas que prefiere de los humanos... Solamente queda un avispón para dejar el camino libre. Aunque le sorprendería que X.A.N.A.* no reaccionase.

—Veamos —resume Yumi, poniéndose seria—. Solamente queda uno...

En ese instante, Jeremy, que ha seguido toda la escena desde las pantallas del laboratorio, la interrumpe:

—¡Negativo! Otra escuadrilla de avispones se acerca.

En efecto, el holomapa* lo deja claro: un refuerzo de diez puntos rojos converge hacia los dos puntos verdes.

Yumi se pone rápidamente en pie de guerra.

—Muy bien —dice—. Cambiemos de táctica y vamos a intentar divertirnos.

Tras ponerse de acuerdo, Odd se lanza en solitario hacia el puente.

—Te he cargado veinte municiones más, espero que será suficiente —indica Jeremy.

Odd no tiene tiempo de contestarle: como había previsto, los monstruos* alados caen sobre él. Comienza el bombardeo. Ágil como un gato, Odd zigzaguea bajo una lluvia de rayos. Antes de que un avispón abra fuego sobre él, lo ve y le lanza una flecha láser.

—¡Impacto! —grita—. ¡Tocado!

El insecto explota. Pero Odd no había previsto la respuesta instantánea de sus congéneres: es víctima de un fuego cruzado que lo deja pegado al suelo.

En el laboratorio, Jeremy hace una mueca. Detrás de las rocas, Aelita aguanta la respiración.

—¡Tu turno, Yumi! —grita Odd levantando la cabeza.

—¡Telequinesia*! —murmura Yumi para sus adentros.

La majestuosa princesa entra lentamente en escena sobre el puente, con las manos en las sienes para concentrarse mejor. Tras ella, seis menhires que rodeaban las rocas de Aelita flotan en el aire. Odd la ve aproximarse. El cuadro es sobrenatural. Enseguida Jeremy puede constatar sobre el holomapa* que las seis piedras forman un increíble escudo volador alrededor de sus amigos.

Protegidos de ese modo, Odd y Yumi avanzan hasta la mitad del puente. El esfuerzo de concentración intensa requiere toda la energía de Yumi. De modo que Odd tiene que encargarse de eliminar a los avispones para que Aelita pueda pasar. Sin esperar a que los insectos abran fuego, empieza a lanzar flechas en todas las direcciones.

La mayoría falla. Pero en el cielo violeta oscuro de la Montaña, la nube de bichos no para de extenderse.

—¡Se multiplican! No sé de dónde salen —grita Odd.

Jeremy, inclinado sobre el holomapa*, abre unos ojos como platos: ¡un ejército de avispones está a punto de situarse sobre Odd y Yumi! Pero en ese instante, oye en su auricular una voz jadeante, inesperada.

—Jeremy, acabo de salir del estadio —dice Ulrich.

El corazón de Jeremy da un brinco. ¡Por fin Ulrich le ha escuchado! Suspira. Se siente tan aliviado que no encuentra las palabras:

—¡Oh... gracias, Ulrich! Lo que has hecho es... es...

—Lo sé —abrevia Ulrich.

Al otro lado del teléfono, Jeremy escucha su respiración entrecortada. Tras un breve silencio, Ulrich añade:

—Vale, entro en la sala de química.

Mientras tanto, los láseres llueven alrededor de Odd y Yumi. Un auténtico muro de rayos los envuelve. El escudo volador los protege, pero Yumi lo paga muy caro en energía vital. Odd lo aprecia en los rasgos crispados de su rostro cada vez más pálido bajo el maquillaje.

—¡Hay que hacer algo! —gime.

—¿Sabes que la mejor defensa es el ataque? —replica Yumi, traviesa, a pesar del cansancio.

Odd la mira fijamente. Una las razones por las que adora a Yumi es que nunca pierde el sentido del humor... negro.

—Ajá —admite—. Pero depende del número de enemigos, ¿no?

Sin sorprenderse ni pizca al verlo correr de nuevo, Sissi ha seguido a Ulrich fuera de las rejas del estadio. Ha oído cómo hablaba con Jeremy... Escondida detrás de un plátano, lo ve acercarse al edificio de ciencias. Duda. ¿Da media vuelta o busca la solución a ese enigma terriblemente fascinante?

8

GRAVEDAD CERO

Ulrich entra en el edificio de ciencias cuando la voz de Jeremy resuena en su móvil:

—He creado mi propio campo eléctrico para hacer un cortocircuito, pero X.A.N.A.* recuperará el control rápidamente. Ve con cuidado, no sé cuánto tiempo aguantará.

—Acabo de entrar —responde Ulrich al ver su sombra recortada sobre el suelo del la sala desierta—. No pasa nada en absoluto.

Como para contradecirlo, todos los fluorescentes se iluminan de repente y una fuerza salvaje como un huracán lo aspira cabeza abajo hacia el techo. Grita:

—Retiro lo dicho, Jeremy. ¡Da miedo!

Y se confirma. Un nuevo impulso lo arranca del techo y lo envía contra una pared. Ulrich se lamenta: ¿por qué Spiderman tiene hilos para pegarse a las paredes y él no? Pero la danza aérea no ha terminado: la gravedad* regresa de golpe y Ulrich cae al suelo. Triple choque. ¡Menudos moratones!

Jeremy no ha visto la escena pero la ha oído y adivina lo que ha ocurrido.

—Tienes que aguantar el golpe —lo anima una voz desde el móvil—. En cuanto encuentres a la señorita Hertz, lanzaré un contracampo.

El incidente ha obligado a la señorita Hertz a dejar correr sus experimentos. La eminente científica ha analizado la naturaleza del fenómeno: ingravidez*. ¡Pero no ha tenido tiempo de determinar su causa!

Como una muñeca de trapo, ha seguido sin saberlo una trayectoria idéntica a la de su alumno...

—Yumi, Odd, ¿cómo va? —pregunta Jeremy.

¿Qué le van a responder si están bajo un diluvio de rayos laser?

—¡Hemos tenido días mejores! —replica Odd, lanzando una flecha tras otra.

De pronto, tocada por un avispón, Yumi ahoga un grito. Vacila, los menhires pierden altura. Odd se espera lo peor. No es hora de desvirtualizarse*... Hay que resistir para que Aelita pueda pasar... Afortunadamente la princesa japonesa se repone y las piedras vuelven a levantarse.

Desde su escondite, Aelita suspira. Han tenido suerte.

Ulrich levanta la cabeza. Los fluorescentes no se mueven. Sube los escalones de cuatro en cuatro... y tiene que agarrarse para no salir volando al llegar a la primera planta. La fuerza antigravitacional es tan fuerte que le obliga a soltarse. Recorre el pasillo como un cohete. ¡Un auténtico chico volador!

Al pasar por delante del laboratorio de química, logra agarrarse al picaporte. Detrás, le aguarda un espectáculo curioso: el cuerpo de la señorita Hertz, sin sentido, está pegado a la pared, rodeado de restos de sus experimentos.

Intentando contrarrestar la ingravidez*, se deja caer de una mesa a otra para llegar a su profesora de ciencias.

—Jeremy, he encontrado a la señorita Hertz —avisa, mientras se acerca a su cuerpo inerte—. ¡Devuélvenos al suelo enseguida!

Jeremy estaba esperando la señal. Valida la orden en el teclado. Inmediatamente, en el plano de la red eléctrica, un punto luminoso impacta contra el rectángulo del edificio de ciencias. Jeremy verifica que un halo cubre la zona y declara:

—¡El contracampo funciona!

Ulrich y la señorita Hertz vuelven a caer al suelo.

En ese mismo instante, Sissi se aventura en la planta baja del edificio en el que ha visto a Ulrich colgado del techo.

—¿Ulrich? Eo, ¿Ulrich? —lo llama, insegura. Al no obtener respuesta, sube de puntillas por la escalera.

—Disculpe la confianza, señorita Hertz —se aventura Ulrich en el mismo instante, por si la profesora puede oírle.

La arrastra por la blusa hasta el pasillo. ¡Ya está! Lo malo es que los fluorescentes están... muy despiertos.

—Jeremy, ¿qué pasa ahora? —pregunta, exasperado.

Al otro extremo de la línea, el tono es grave, angustiado.

—No lo sé. ¡Ya no controlo nada!

Efectivamente, en la pantalla una gran bola de energía ha reemplazado el halo sobre el edificio de ciencias. Y a Jeremy no le gusta ni pizca.

—¡Ve con cuidado, Ulrich, ve con cuidado! —advierte.

Justo entonces, un impulso de una violencia extrema levanta a Ulrich y a la señorita Hertz y los proyecta con violencia contra un armario metálico a varios metros. El choque es tan fuerte que el chico pierde el conocimiento.

—Ulrich, ¿qué ocurre? —tiembla Jeremy al otro extremo de la línea—. ¡Responde!

Al cabo de medio minuto, lo oye suspirar. Ulrich está vivo, pero atontado: al abrir los ojos, siente como si un martillo le golpeara el cráneo.

Se ha dado un buen golpe contra ese armario.

Al mirar un poco mejor, descubre que la señorita Hertz, todavía sin sentido, y él, han aterrizado sobre el techo del armario... a unos... Se inclina para estimar la altura.

—¡Ah! —grita al ver una silueta rosa y perfumada que cruza por delante de su nariz.

Sin pensarlo —no tiene tiempo de preguntarse qué hace aquí— Ulrich agarra el brazo de Sissi antes de que vuele por los aires.

—¡Te tengo! —dice.

La levanta.

—Ulrich, ¿qué... qué... está pasando aquí? —balbucea la animadora. Posa la mirada en la señorita Hertz.

—No intentes comprenderlo —comenta Ulrich con un tono neutro, y añade—: Jeremy, ¿cómo va?

—Ya está, puedo recuperarlo —responde su compañero, con el dedo sobre la tecla Enter—. ¡Cuidado con la sacudida! —los previene antes de pulsarla.

Efectivamente, llega la sacudida! Bajo el efecto del nuevo contracampo, los fluorescentes del edificio de ciencias explotan con un ruido ensordecedor.

Trozos de cristal rozan a los tres náufragos, que han ido a parar al suelo.

—Jeremy, ¡dime que esto va a parar! —exclama en voz alta Ulrich.

En vano.

—Me gustaría, pero no hay suerte —replica Jeremy en un tono condescendiente—. Será mejor que esperes algo movidito.

Fija la vista en el holomapa* antes de preguntar, impaciente:

—Odd, Yumi, ¿qué tal va?

Pregunta superflua. El holomapa* le muestra lo que había adivinado: los avispones atacan y sus amigos avanzan a paso de tortuga, a pesar de que Yumi ha doblado su círculo de menhires.

Odd confirma con una voz apagada:

—Apenas me quedan flechas, la telequinesia* consume las últimas fuerzas de Yumi y cuántos más avispones derribo más avispones bien... ¿Y tú?

Aelita no soporta esperar más tras las rocas. Yumi y Odd están extenuados y X.A.N.A.* continúa su ataque en el mundo real. La torre* está muy cerca. Tiene que hacer algo. Dos peligros la amenazan: desaparecer bajo un triple disparo de los avispones o ser absorbida en el mar digital*. Ha llegado el momento de utilizar su arma secreta.

9

¡NO CORRAS TANTO, AELITA!

—Ulrich, ¿me vas a contar lo que pasa? —sugiere Sissi con su voz más amable, mientras transportan a la señorita Hertz por el pasillo de la primera planta.

Ulrich sonríe. ¿Esa cabeza de chorlito no sabe que jamás traicionará a su pandilla? Refunfuña:

—Sin preguntas. ¡Ayúdame a llevarla!

Sissi se enfurruña. Sus pasos crujen sobre el suelo cubierto de cristales rotos. De repente, un estruendo terrible les hace prestar atención.

—Jeremy, ¿qué ha sido eso? —pregunta Ulrich.

—No tengo ni idea —susurra en su auricular.

A continuación, Ulrich lo oye lanzar un grito de estupor.

—¡Cielos! X.A.N.A.* tiene por lo menos cincuenta centrales eléctricas bajo su control. ¡Ulrich, no salgáis del edificio de ciencias!

El ruido se intensifica, parece venir del estadio. Lentamente, Ulrich deja a la señorita Hertz en el suelo, cruza el pasillo y se acerca a la ventana. El corazón le da un brinco: ¡los focos parpadean sobre el campo!

— ¡Yumi! ¡Ya casi estamos! —suplica Odd al ver dudar a su amiga.

Los avispones no han bajado la guardia y él tiene que ahorrar flechas si quiere cubrir a Aelita. Pero las rodillas de Yumi se doblan. Se desmorona.

—No puedo más, Odd, lo siento —murmura mientras los menhires caen también.

Odd hace una mueca de disgusto. Los avispones no se van a contener ahora. Sin embargo, algo los atrae. Odd escruta el horizonte... y se queda petrificado:

¡Aelita ha abandonado su refugio y hace surgir bajo sus pasos una pasarela efímera que se dirige directamente hacia la torre*! ¿Y los monstruos*? ¡No podrá acabar con todos!

—Aelita, ¡no corras tanto! —grita.

—Atención, Matt tiene la oportunidad de empatar con este penalti* —indica Milly, con un tono lúgubre.

Desde que Ulrich se ha marchado, están desmotivados. Los del Diderot monopolizan el balón y los del Kadic* juegan al ralentí. ¿Quién duda de que la sucesión de acontecimientos va a poner un final catastrófico a esta debacle?

Cuando Matt chuta el balón, la gravedad* cae a cero en la academia Kadic*. Impulsado por su pierna, el chico sale volando y acaba nadando braza sobre el campo. Grita, asustado. Luego llega el turno a los demás jugadores y al público y todos vuelan por los aires. El pánico se generaliza.

Desde la ventana, Ulrich, aterrorizado, ve cómo futbolistas y espectadores se agarran al borde de una grada o a una mano para no ser llevados por la ingravidez*. Imagina su angustia. De repente, el corazón le da un vuelco: ¡sus padres!

Dos avispones apuntan su dardo hacia Aelita.

—¡Estás loca! —exclama Odd, alarmado.

De golpe y porrazo, los avispones disparan.

Aelita recibe dos impactos pero sigue avanzando, imperturbable. Ni Odd, ni Yumi, ni Jeremy, torturado por la angustia ante el holomapa* del laboratorio, comprenden por qué su amiga juega a los kamikazes. Para ella, la desvirtualización* no es sinónimo de rematerialización en la Tierra...

—Ulrich, ¿qué haces? —grita Sissi, al ver que toma impulso.

Por toda respuesta, Ulrich arremete contra la ventana. Ha pensado agarrarse a la cornisa inferior de la fachada antes que la ingravidez* se lo lleve hacia el cielo. El cristal vuela en mil pedazos y el chico recorre la pared...

—¡No, no, NO! —grita Jeremy, horrorizado.

Su mirada se nubla ante el plano virtual de Lyoko, donde una armada de puntos rojos rodea el punto amarillo.

Aelita está cercada por los avispones. Un impacto y la chica desaparecerá...

Con la cabeza baja, los dedos y los tacones de los zapatos aferrados a la ventana de la planta baja, Ulrich tuerce el cuello para ver las gradas. Verticales sobre los bancos, ondean guirnaldas humanas. Y sus padres también

forman parte de ellas. Su padre, con el rostro contraído, se agarra con una mano a una grada; la otra mano aprisiona las de su mujer, que flota por encima de él. Parece agotado.

«Papá, resiste», piensa intensamente Ulrich y da un primer «paso» hacia él.

El grito de Aelita perfora el oído de Jeremy que hunde la cabeza entre las manos sobre su teclado.

—¡Oh no, no puede ser verdad! —gime.

Se acabó. Aelita ha caído en el mar digital*. No volverá a oírla, no la materializará, no volverá a verla jamás...

Odd y Yumi tienen un nudo en la garganta. Si sus identidades virtuales tuvieran lágrimas, caerían por ese vacío en el que ha desaparecido su amiga.

—Cuando acabéis de llorar, avisadme —dice una voz tras ellos.

Se giran rápidamente. ¡Aelita les sonríe a la entrada del puente!

Yumi balbucea:

—Era...

—¡Una trampa! —termina la frase Aelita, con una mirada maliciosa.

En el otro lado del sistema, Jeremy da un salto.

Vuelve a abrir los ojos. ¡En el holomapa* el punto amarillo parpadea sobre el puente! El corazón le va a estallar. ¡Está allí! Grita, loco de alegría:

—¡El puente, tu silueta... era una sintetización*! Una trampa. ¡Sí, sí, sí! Bravo, Aelita. ¡Eres genial!

En el instante en que el señor Stern se suelta de la grada, una mano lo agarra. Gira la cabeza.

—¡Ulrich! —exclama.

—¡Oh, Ulrich! —repite su mujer como un eco.

Odd, Yumi y Aelita galopan, libres de los avispones. ¡Todos los monstruos* alados han caído con el espejismo de Aelita por el precipicio! Odd y Yumi se detienen a los pies de la columna blanca.

Ante Aelita no aparece ninguna entrada. Es inútil. Con un movimiento armonioso, cruza la pared de la torre* como si fuera una cortina de humo y surge, al otro lado, en la parte baja de un tubo de paredes repletas de pantallas. Millones de datos digitales circulan por ellas. En el suelo, el Ojo de X.A.N.A.*.

—Adiós, Ulrich. Estoy orgulloso de ti, ya lo sabes —dice el señor Stern con ternura.

Ulrich siente que la mano de su padre resbala de la suya. ¡No quiere soltarlo!

Los círculos se iluminan bajo los pasos ligeros de Aelita. La chica se detiene en el círculo central. Entonces, como si un impulso delicado la aspirara, se eleva con gracia hacia lo alto de la torre*.

Los dedos de Ulrich ya no le obedecen. Se aflojan. La ingravidez* se lleva a sus padres.

—¡Uuuuuulrich! —gritan mientras se alejan.

Aelita se detiene en el escalón superior de la torre* y, como una bailarina, avanza hacia el punto central. Ante ella aparece una pantalla táctil. Apoya sobre ella la palma de su mano, su huella se imprime por un instante. La pantalla la reconoce y escribe: AELITA. A continuación, una pregunta: ¿CÓDIGO? Aelita teclea las cinco letras: LYOKO. Al instante, las pantallas empiezan a caer como una lluvia a su alrededor.

Como por arte de magia, la gravedad* recupera la normalidad en la academia Kadic*. Todo lo que había subido vuelve a bajar...

En el holomapa*, Jeremy ve cómo la imagen se disuelve en una blancura cegadora: el programa Lyoko se regenera.

Gracias a Aelita, la torre* contaminada por X.A.N.A.* para piratear la red eléctrica de la ciudad ha sido desinfectada.

Escribe algo en el teclado, pulsa la tecla Enter y exclama:

—¡Regreso al pasado!

Entonces se produce un fenómeno extraño y prodigioso en los circuitos del superordenador*. Como una goma a la medida del tiempo y del espacio, un halo de una blancura sobrenatural inunda el laboratorio, la fábrica, la academia Kadic* y luego todo lo que hay a su alrededor...

10

EPÍLOGO

—¡Por fin ha llegado la final del torneo de cuarto curso! —exclama Milly ante el micrófono—. Si bien el equipo de Kadic* está en su mejor momento de forma, la responsabilidad del partido descansa casi por completo sobre los hombros de nuestro delantero centro*, Ulrich. ¡Esperamos que esté a la altura!

En las gradas repletas, dos adultos se miran sonrientes.

De pie en la última fila, Sissi luce su bastón de *majorette*. Odd, Yumi y Jeremy charlan sobre la hierba.

En el terreno de juego, los dos equipos se miran desafiantes.

Jim se acerca para silbar el saque de centro.

—¡Señoras y señores, que empiece el partido! —dice Milly.

Jim silba. Matt chuta el balón, que corre por el campo. Ulrich corre tras él.

—¡Sí! —grita Odd, saltando—. ¡Vamos, Ulrich! ¡Campeón del mundo!

—Sí, pero... ¿de cuál? —bromea Jeremy.

—¡De los dos, por supuesto, de los dos!

Los tres chicos ríen al unísono, cómplices. Una vez más, todo ha acabado bien.

Han detenido la ofensiva de X.A.N.A.* y han borrado su rastro. La vida es bella cuando te sientes un alumno casi como los demás y lo único que tienes que hacer durante la próxima hora es mirar cómo tu mejor amigo, un virtuoso del balón, juega un gran partido de fútbol.

Índice

Un rodaje peligroso 13

1 Hollywood en la academia Kadic 15
2 Localizaciones en la fábrica 23
3 ¡Aislados! 33
4 El alienígena 41
5 ¿Desaparecidos? 49
6 En Lyoko 57
7 El ataque de los avispones 63
8 Torre a la vista 71
9 ¡Desactivado! 79
10 Epílogo 87

Gravedad cero 91

1 El as del fútbol 93
2 ¡Déjalo! 103
3 Saque de centro 113
4 2-0 121
5 ¡Einstein, ilumínanos! 129
6 La desgracia 137
7 Menhires contra avispones 145
8 Gravedad cero 153
9 ¡No corras tanto, Aelita! 161
10 Epílogo 171